Die Auflösung des Staates Preußen

Gerhard Dassow

Die Auflösung des Staates Preußen

Bibliografische Information der Deutschen Nationalbibliothek
Die Deutsche Nationalbibliothek verzeichnet diese Publikation
in der Deutschen Nationalbibliografie; detaillierte bibliografische
Daten sind im Internet über http://dnb.d-nb.de abrufbar.

ISBN 978-3-631-66714-9 (Print)
E-ISBN 978-3-653-06276-2 (E-Book)
DOI 10.3726/ 978-3-653-06276-2

© Peter Lang GmbH
Internationaler Verlag der Wissenschaften
Frankfurt am Main 2016
Alle Rechte vorbehalten.
PL Academic Research ist ein Imprint der Peter Lang GmbH.

Peter Lang – Frankfurt am Main · Bern · Bruxelles · New York ·
Oxford · Warszawa · Wien

Das Werk einschließlich aller seiner Teile ist urheberrechtlich
geschützt. Jede Verwertung außerhalb der engen Grenzen des
Urheberrechtsgesetzes ist ohne Zustimmung des Verlages
unzulässig und strafbar. Das gilt insbesondere für
Vervielfältigungen, Übersetzungen, Mikroverfilmungen und die
Einspeicherung und Verarbeitung in elektronischen Systemen.

Diese Publikation wurde begutachtet.

www.peterlang.com

Inhaltsverzeichnis

Vorwort 7

1 „Finis Prussiae": Das Kontrollratsgesetz Nr. 46 als
  Wendepunkt der deutschen Geschichte 9

2 Die historische Tiefendimension der „deutschen Frage" 15
  2.1 Die „deutsche Frage" im Spannungsfeld zwischen
      deutschem Einheitsstreben und europäischen
      Sicherheitsbedürfnissen 15
  2.2 Der Aufstieg und Niedergang Preußens als integraler
      Bestandteil der deutschen Geschichte 24

3 Die Entstehungs- und Wirkungsgeschichte des
  Kontrollratsgesetzes Nr. 46 33
  3.1 Das Preußen- und Deutschlandbild der Alliierten als
      Determinanten ihrer Kriegsziel- und Nachkriegsplanung ... 33
  3.2 Die Auflösung Preußens als „ultima ratio" der alliierten
      Teilungspläne für Deutschland 39
  3.3 Die Wirkungen des Kontrollratsgesetzes Nr. 46 auf die
      deutsche Nachkriegsgeschichte 51

4 Die Rezeption der Auflösung Preußens im
  Nachkriegsdeutschland 59
  4.1 Preußen zwischen „deutscher Sendung" und „deutscher
      Katastrophe" 59
  4.2 Der Nachhall Preußens in der Bundesrepublik
      Deutschland und der Deutschen Demokratischen
      Republik (DDR) 66

5 Zusammenfassende Bewertung der alliierten und
der deutschen Sicht auf die Auflösung Preußens 77

6 Schlussbetrachtungen 85
   6.1 Preußische Nachgeschichte im Kontext des Prozesses
      der „Vollendung der Deutschen Einheit" 85
   6.2 Das Kontrollratsgesetz Nr. 46: Das Ende Preußens oder
      Preußen ohne Ende? 90

Literaturverzeichnis 95

Vorwort

Das Gesetz Nr. 46 des Alliierten Kontrollrats vom 25. Februar 1947 stellt mit der förmlichen Auflösung des Staates Preußen zweifellos ein Schlüsseldokument aus der neueren deutschen Geschichte dar: Die Siegermächte des Zweiten Weltkriegs verfügten das Ende eines Staates, der die Entwicklung der neuzeitlichen Geschichte Deutschlands und Europas tiefgehend geprägt hat. Die historische Bewertung, die dieser Staat erfahren hat, ist sehr unterschiedlich ausgefallen; sie schwankt zwischen der Bewunderung für die Inkarnation staatlicher Vernunft auf der einen, der Verurteilung des obrigkeitsstaatlichen preußischen Militarismus als Hauptursache für die „deutsche Katastrophe" der Gewaltpolitik in der ersten Hälfte des 20. Jahrhunderts (Friedrich Meinecke) auf der anderen Seite. Von dieser Sichtweise waren die alliierten Siegermächte geleitet, als sie Preußen symbolisch den Totenschein ausstellten und damit doch nur besiegelten, was durch den totalen Zusammenbruch des nationalsozialistischen Großdeutschen Reiches längst historische Realität geworden war.

Die hier publizierte Masterarbeit nimmt das Spannungsfeld zwischen den Leitbegriffen „Schlüsseldokument" und „Totenschein" genauer in den Blick und vermag so vor allem die konkrete historische Bedeutung des Kontrollratsgesetzes Nr. 46 im Kontext der deutschlandpolitischen Planungen und Entscheidungen bei Kriegsende genauer zu bestimmen. Ihr Autor Dr. Gerhard Dassow ist in mancher Hinsicht ein typischer Student der FernUniversität in Hagen: Beruflich als Betriebswirt schon lange erfolgreich, hat er sich einen Jugendwunsch erfüllt und voller Engagement ein Geschichtsstudium absolviert. Nicht nur wegen seiner Herkunft aus den brandenburgischen Kernlanden hat er sich dabei vor allem auf die Geschichte Preußens konzentriert und im Studium zugleich herausragende Leistungen erbracht. Davon zeugt nicht zuletzt schon die Veröffentlichung einer überarbeiteten Fassung seiner Hausarbeit über die Vorstellungen des Preußischen Ministerpräsidenten Otto Braun zur Reform des Föderalismus der Weimarer Republik im renommierten „Journal der Juristischen Zeitgeschichte". In diesem Buch geht es ihm nun in allgemeiner Weise um das Verhältnis zwischen der „deutschen" und der „preußischen" Frage am Ende des Zweiten Weltkrieges.

Von besonderer Bedeutung scheinen mir dabei die zentralen Ausführungen über die Entstehungs- und Wirkungsgeschichte des Kontrollratsgesetzes 46 zu sein. Die zentrale Rolle der Auflösung Preußens im Zusammenhang der sich konkretisierenden deutschlandpolitischen Planungen der Alliierten wird ebenso überzeugend herausgearbeitet wie die anhaltende Bedeutung, die der förmlichen Auflösung des größten deutschen Einzelstaates auch nach dem längst vollzogenen faktischen Ende für die Eingrenzung, Aufteilung und schließlich auch für die Spaltung Deutschlands zugekommen ist. Wie gezeigt wird, waren auch die inhaltlichen Überlegungen zur Gestaltung eines neuen, demokratischen und friedensfähigen Deutschland sowohl in der westlich-demokratischen als auch in der sowjetischen Form zutiefst geprägt von Vorstellungen über die historische Rolle Preußens.

Man muss nicht mit dem vielleicht etwas nostalgischen Plädoyer Gerhard Dassows für die Bildung eines Bundeslandes „Brandenburg-Preußen" übereinstimmen, um seiner die vielfältigen Zusammenhänge, Voraussetzungen und Folgen der alliierten Auflösung Preußens systematisch darlegenden Arbeit ein interessiertes Publikum zu wünschen.

Wolfgang Kruse
Hagen in Westfalen, September 2015

1 „Finis Prussiae": Das Kontrollratsgesetz Nr. 46 als Wendepunkt der deutschen Geschichte

„Am 25. Februar 1947 ist dem preußischen Staat durch das Kontrollratsgesetz Nr. 46 der amtliche Totenschein ausgestellt worden. Dies ist nur die juristische Bestätigung eines Tatbestandes, der Tod selbst ist schon früher eingetreten. Diese sang- und klanglose Beerdigung hat ironischen Stil; Preußen wird so nebenbei verscharrt, sozusagen in einem Massengrab." Mit diesen Worten kommentierte „Die Welt" in ihrer Ausgabe vom 8. März 1947 „Preußens Ende"[1]. Diese zeitgenössische Einschätzung und Beurteilung des Gesetzes Nr. 46 des Alliierten Kontrollrats vom 25. Februar 1947 (Kontrollratsgesetz Nr. 46) nahm – vermutlich eher ungewollt und nichtsahnend – die Tonalität vorweg, mit der die historische Forschung in den folgenden Jahrzehnten in ihrer großen Mehrheit die Auflösung des Staates Preußen durch die alliierten Siegermächte beurteilt hat. Von einem zwar spektakulären, aber rechtlich überflüssigen Akt ist in diesem Zusammenhang die Rede, dem höchstens noch symbolhafte Bedeutung zukam[2], einem verspäteten juristischen Verdikt, das der geschichtlichen Entwicklung hinterher zu hinken schien[3], von einem Schritt, der Preußen zu einem rein historischen Begriff habe werden lassen[4], weil Preußen von diesem Tage an als Bestandteil einer toten Vergangenheit nur noch der Geschichte angehört habe[5]. Wenn vom Totenschein für einen längst Dahingegangenen, von einer Todeserklärung, einem symbolischen Todesstoß, von Todesurteil, Leichenschändung oder davon die Rede ist, dass ein längst Verblichener abermals exekutiert und für tot erklärt wurde, von einer feierlich vollzogenen posthumen Hinrichtung oder gar einem Fußtritt, den siegreiche Esel

---

1 Zitiert bei Thadden (1981), S. 161, Fn. 18.
2 Vgl. Görtemaker, (2000), S. 198; Thomas (1983), S. 295.
3 Vgl. Craig (1985), S. 10.
4 Vgl. Büsch (1980), S. 9; Unger (2000), S. 275.
5 Vgl. Clark (2007), S. 9; Craig (1985), S. 9f.

einem längst toten Löwen gaben[6], dann drängt sich fast der Eindruck eines intellektuellen Wettstreits um den pointiertesten Nachruf auf Preußen auf. Charakterisierungen derart, dass es sich beim Kontrollratsgesetz Nr. 46 um einen feierlichen Schritt oder einen sinnwidrigen, skurrilen Beschluss, einem Nachklang oder „Nach-Tauroggen" seitens der Alliierten gehandelt habe[7], klingen zwar deutlich zurückhaltender, weisen aber in die gleiche Richtung einer rein vergangenheitsbezogenen Würdigung des – in dieser bewussten Tautologie immer wieder so bezeichneten – „definitiven Endes" Preußens, dass sich als ein langer Prozess darstellt, dessen Schlusspunkt die Auflösung des preußischen Staates durch die juristische, staats- und völkerrechtliche Beglaubigung von de facto längst gegebenen Tatbeständen bildete[8]. Diese rein *posthume* Lesart des Kontrollratsgesetzes Nr. 46 leitet sich aus dem ersten Satz der Präambel und Artikel 1 des Gesetzes ab, wonach der Staat Preußen, „der seit jeher Träger des Militarismus und der Reaktion in Deutschland gewesen ist, ...in Wirklichkeit zu bestehen aufgehört" hat und deshalb mit sämtlichen seiner Institutionen aufgelöst wird[9]. Dieser Lesart stehen in der Literatur aber auch – allerdings auffallend wenige – andere Stimmen gegenüber, die in dem Gesetz weit mehr sehen als einen rein symbolischen oder formalen, administrativen und juristischen Beglaubigungsakt, mit dem aus staats- und völkerrechtlichen Gründen der guten Ordnung halber per Dekret der Siegermächte ein verbindlicher Schlusspunkt unter die Geschichte Preußens als Völkerrechtssubjekt gesetzt wurde[10]. Unter Rückgriff und Bezugnahme auf den – in der Literatur weithin vernachlässigten – in der Präambel des Gesetzes im zweiten Satz ebenfalls enthaltenen *zukunftsweisenden* und programmatischen Aspekt über die Ausgestaltung

---

6 Vgl. zu diesen Charakterisierungen Fest (1991), S. 3; Gornig (2000), S. 260; Haffner (1978), S. 20; Kettenacker (1981), S. 334; Knopp (1980), S. 5; Krockow (1981), S. 10; Mann (1958), S. 982; ders. (1968), S. 260; Thadden (1981), S. 23f.; Unger (2000), S. 275.
7 Vgl. Baumgart (1997), S. 331f.; Mann (1968), S. 260; Schoeps (1981), S. 296; Willoweit (1980), S. 273.
8 Vgl. hierzu Kap. 2.2.
9 Vgl. Amtsblatt (1947), S. 262, wiedergegeben bei Haffner (1978), S. 334f.
10 Vgl. Gornig (2000), S. 261; Kettenacker (1981), S. 313.

künftiger deutscher Staatlichkeit „auf demokratischer Grundlage"[11] muss das Kontrollratsgesetz Nr. 46 aus dem Jahre *1947* aber auch im sachlichen und zeitlichen Kontext der von den Alliierten verfolgten endgültigen Lösung des „deutschen Problems" und aus dieser Perspektive heraus deshalb als der „vielleicht konstruktivste Beitrag" auf dem Wege dorthin gesehen werden[12]. Ganz in diesem Sinne bezeichnete der langjährige US-Militärgouverneur Lucius D. Clay in seinen Erinnerungen das Kontrollratsgesetz Nr. 46 deshalb auch als den wichtigsten Akt des Kontrollrats vor dessen im März 1947 einsetzenden Paralysierung[13].

Das Kontrollratsgesetz Nr. 46 weist mithin zwei Dimensionen auf: Einerseits sollte Preußen – und die ihm zugrunde liegende Staatsidee als der vermeintlichen „Wurzel allen (deutschen) Übels"[14] – als Antwort auf seine in der Vergangenheit immer wieder als anmaßend angesehene Herausforderung des europäischen Staatensystems für immer von der europäischen Landkarte getilgt werden[15], und zwar durch einen Hoheitsakt der siegreichen Alliierten im Jahre 1947 – und nicht etwa durch deutsche politische Kräfte in den Jahren 1932/33. Zugleich wurde in der Eliminierung Preußens aber auch die Voraussetzung für eine politische Neuordnung des nach seiner vollständigen politischen und militärischen Niederlage zugleich moralisch zutiefst diskreditierten Deutschlands gesehen. Vor dem Hintergrund dieser eng miteinander verbundenen beiden Zielsetzungen des Gesetzes soll dessen komplexe Entstehungs- und Wirkungsgeschichte im Einzelnen nachgezeichnet, analysiert und bewertet werden. Im Mittelpunkt der Untersuchung soll dabei die Auseinandersetzung mit folgenden Fragestellungen stehen: Welche

---

11 Der zweite Satz der Präambel lautet vollständig wie folgt: „Geleitet von dem Interesse an der Aufrechterhaltung des Friedens und der Sicherheit der Völker und erfüllt von dem Wunsch, die weitere Wiederherstellung des politischen Lebens in Deutschland auf demokratischer Grundlage zu sichern, erläßt der Kontrollrat das folgende Gesetz:". Vgl. Amtsblatt (1947), S. 262 bei Haffner (1978), S. 334f.
12 Vgl. Kettenacker (1981), S. 333. Ähnlich auch Mai (1995), S. 415f. und Willoweit (1980), S. 273f.
13 Vgl. Clay (1950), S. 144; Zink (1957), S. 329f.
14 Vgl. Churchill (1953), S. 95.
15 Vgl. Churchill (1953), S. 491; Schulze Wessel (1995), S. 384.

konkreten Erwägungen haben die Alliierten zum Erlass des Kontrollratsgesetzes Nr. 46 veranlasst, welche Folgewirkungen hat dieses Gesetz in der deutschen Nachkriegsgeschichte entfaltet und wie sind die Deutschen mit der Auflösung des Staates Preußen umgegangen. Hierzu werden folgende Thesen zur Diskussion gestellt:

- Die Eliminierung Preußens aus dem Kreis der deutschen Länder war als kleinster gemeinsamer Nenner der Alliierten die ebenso willkommene wie naheliegende Alternativlösung zu der zwischen den Westmächten und der Sowjetunion während des Zweiten Weltkrieges nie zu Ende geführten Diskussion über eine (Auf-)Teilung Deutschlands nach Kriegsende.
- Das Kontrollratsgesetz Nr. 46 war aus alliierter Sicht der Schlüssel zur endgültigen Lösung der „deutschen Frage", und zwar gleichermaßen in deren europäischer Bedingtheit als auch bezüglich der inneren Verfasstheit des künftigen Deutschland.
- Der Umgang der Deutschen mit der Auflösung des Staates Preußen offenbart einen unausgesprochenen Konsens zwischen Siegern und Besiegten in dieser Frage.
- Die Vollendung der deutschen Einheit ist (auch) deshalb möglich geworden, weil Preußen nicht mehr existent war und deshalb die „preußisch-deutsche Frage" einer bundesverträglichen Integration eines etwaigen preußischen Bundeslandes in das Bundesganze nicht mehr zur Diskussion stand. Die Auflösung Preußens durch das Kontrollratsgesetz Nr. 46 hat dadurch letztendlich auch eine von den Alliierten so ursprünglich nicht gedachte dialektische Wirkung erzeugt.

Vor der Auseinandersetzung mit den formulierten Fragestellungen sollen zunächst die historischen Rahmenbedingungen skizziert werden, in deren Kontext das gewählte Thema einzuordnen ist: der Genese der „deutschen Frage" in ihrer europäischen Dimension und der innerreichlichen „preußisch-deutschen Frage". Den Kern der Arbeit bildet die anschließende Analyse, Abwägung und Beurteilung der alliierten und der deutschen Sicht auf die Auflösung des Staates Preußen, unter besonderer Berücksichtigung des jeweiligen Preußenbildes der Beteiligten. Die alliierte Sicht soll dabei auf die – für die gewählte Themenstellung maßgeblichen – drei Mächte der „Großen Allianz" in ihrer Gegensätzlichkeit zwischen den Positionen der Westmächte (USA und Großbritannien) einerseits und der Sowjetunion andererseits beschränkt bleiben. Die Sichtweisen und Interessenlagen weiterer Mächte auf Seiten der Alliierten (insbesondere Polens und Frankreichs) werden deshalb nur mittelbar thematisiert. Die Herausbildung der deutschen Zweistaatlichkeit als einer unmittelbaren Konsequenz des Kontrollratsgesetzes Nr. 46 bedingt nahezu zwangsläufig, dass die deutsche Rezeption der Auflösung Preußens differenziert für die Bundesrepublik Deutschland und die DDR betrachtet werden muss. Der zeitliche Horizont der Untersuchung erstreckt sich in ihrem Kern auf die Zeit von den ersten Überlegungen der Alliierten über die künftige staatliche Ordnung Deutschlands ab 1941 bis zur Gründung der beiden deutschen Staaten im Jahre 1949, eingebettet in die für die Erörterung des Themas relevante Vor- und Nachgeschichte.

Im Anschluss an eine zusammenfassende Gegenüberstellung und Bewertung der alliierten und der deutschen Sicht auf die Auflösung Preußens soll eine kurze Betrachtung der preußischen Nachgeschichte im Kontext des Prozesses zur Vollendung der Deutschen Einheit zu der abschließenden und weiterführenden Frage überleiten – die hier nur angerissen werden kann –, ob und wenn ja in welcher Form es im vereinten Deutschland für Preußen über seine „Musealisierung" als einer über Jahrhunderte zwar wirkungsmächtigen, inzwischen aber nur noch rein historischen Kategorie hinaus doch noch eine politisch lebendige Perspektive geben kann, ohne das durch das Kontrollratsgesetz Nr. 46 unwiderruflich geschaffene Recht in Frage zu stellen.

Die Forschungsliteratur zur „deutschen Frage" in ihrer historischen Tiefendimension, zur preußischen Geschichte und zur deutschen Teilungsproblematik ist schier unerschöpflich[16]. Zu der hier im Mittelpunkt stehenden Auflösung Preußens durch das Kontrollratsgesetz Nr. 46 hat sich die Forschung vor allem auf eine Vielzahl von Nachrufen beschränkt[17], wohingegen die Wechselwirkungen des Auflösungsbeschlusses mit der deutschen

---

16 Vgl. hierzu die umfangreichen Bibliographien in den einschlägigen Bänden von „Gebhardts Handbuch der deutschen Geschichte", in der mehrbändigen Anthologie „Moderne Preußische Geschichte 1648–1947", hrsg. v. Otto Büsch und Wolfgang Neugebauer, in dem ebenfalls mehrbändigen „Handbuch der preussischen Geschichte", hrsg. v. Wolfgang Neugebauer sowie die Auswahlbibliographien bei Clark (2007) und Gruner (1993).

17 Vgl. Fn. 1–8.

Teilungsfrage und die über eine Grabrede weit hinaus reichenden zukunftsweisenden Wirkungen des Gesetzes weithin verkannt worden sind und deshalb bislang nur wenig Beachtung gefunden haben[18].

---

18 Vgl. Gruner (1993), S. 204–217; Kettenacker (1981); ders. (1984); ders. (1989), S. 486–494; Mai (1995), S. 415–435, Schulze Wessel (1995), S. 321–388; ders. (1995a); ders. (2000), S. 780–787.

2 Die historische Tiefendimension der „deutschen Frage"

2.1 Die „deutsche Frage" im Spannungsfeld zwischen deutschem Einheitsstreben und europäischen Sicherheitsbedürfnissen

Wie ein „roter Faden" zieht sich durch die deutsche und die europäische Geschichte seit dem in der Frühen Neuzeit einsetzenden allmählichen Prozess der „Verstaatung" Europas[19] der Gegensatz zwischen dem – in sich immer auch widersprüchlichen – Wunsch der Deutschen nach nationaler Einheit unter einem gemeinsamen Verfassungsdach und dem Bedürfnis seiner Nachbarn nach Sicherheit und Stabilität im Rahmen eines europäischen Machtgleichgewichts. Dieses Gleichgewicht war aus europäisch-internationaler Sicht durch das Volk in der Mitte Europas latent immer bedroht. Die zentrale geographische Lage der „deutschen Lande" – der politische Begriff „Deutschland" bildete sich erst seit dem frühen 18. Jahrhundert heraus –, deren Bevölkerungszahl, Wirtschafts- und Handelspotential und der mit der wirtschaftlichen Dynamik einhergehende Rohstoffbedarf lösten schon sehr früh europäische Bedrohungsängste vor einem übermächtigen deutschen Zentralstaat und die Furcht vor einem mangels natürlicher Grenzen „grenzenlosen" deutschen Expansionsdrang aus. Hierin ist wohl die tiefere Ursache eines bis in die heutige Zeit fortbestehenden vitalen Interesses der europäischen Nachbarn Deutschlands an einer „Mitbestimmung" in den deutschen Angelegenheiten zu sehen. Dieses Interesse erstreckte sich nicht nur auf die Fragen der Grenzziehung und der „kritischen Größenordnung" als den äußeren Bedingungen deutscher Staatlichkeit, sondern auch auf dessen innere Verfasstheit im Spannungsfeld zwischen einer – potentiell als friedfertig erachteten – föderativen, staatenbündlerischen Organisationsform und einem – als potentiellen Aggressor angesehenen – unitarischen Einheitsstaat. Die Deutschen ihrerseits begegneten diesen europäischen Ansprüchen mit einer im Verlauf ihrer Geschichte immer stärker hervor tretenden Furcht vor einer territorialen Einkreisung und einer politischen,

---

19 Vgl. zu diesem Begriff Gruner (1993), S. 83.

ökonomischen und militärischen Niederhaltung ihrer Entwicklungspotentiale durch ihre europäischen Nachbarn[20].

Diese Wechselwirkung zwischen der von den Deutschen beanspruchten – und *im Prinzip* von den europäischen Nachbarn auch nie in Frage gestellten – selbstbestimmten innerstaatlichen Entwicklung und deren europäisch bedingten „mitbestimmten" Implikationen hat dazu geführt, dass die deutsche Geschichte seit der Frühen Neuzeit immer wieder in besonderer Weise eine europäische Dimension aufwies, und spiegelbildlich die europäische Geschichte stets durch einen betont deutschen Bezug gekennzeichnet war[21]. In diesem Spannungsfeld entwickelte sich die „deutsche Frage" im Zuge des europäischen Staatenbildungsprozesses zu einem Kernproblem, das bis in die heutige Zeit hinein fortwirkt[22].

Die Genese der „deutschen Frage" als ein historischer Prozess der langen Dauer wurde in ihrem prozessualen Verlauf durch eine Kette herausragender Ereignisse geprägt, an deren Beginn – vor dem mittelalterlichen Hintergrund der Entstehung des „Heiligen Römischen Reichs deutscher Nation" und der allmählichen Auszehrung der kaiserlichen Reichsgewalt zu Gunsten der Territorialfürsten – die Reformation und Gegenreformation des 16. Jahrhunderts stehen[23]. Der Konflikt zwischen dem Protestantismus und dem katholischen Habsburger Kaisertum entlud sich im 30-jährigen Krieg, der die Schaffung eines starken, „einigenden Bandes" der Deutschen – in welcher Form auch immer – für die kommenden über zweihundert Jahre verhinderte. Stattdessen verfestigte sich in dieser Zeit die durch den schleichenden Zerfall der mittelalterlichen kaiserlichen Macht „typisch deutsche" Zersplitterung der „deutschen Lande" in eine Vielzahl von geistlich-weltlichen Territorialstaaten weiter, zusätzlich verschärft durch deren konfessionelle Spaltung als Folge der Religionskriege[24]. Mit dem Friedensschluss von 1648 in Münster und Osnabrück erhielt die „deutsche Frage"

---

20 Vgl. Gruner (1993), S. 76–78.
21 Vgl. Gruner (1993), S. 10f. Diese Aussage gilt natürlich auch schon für die mittelalterliche Reichsgeschichte, die aber gänzlich andere Strukturmerkmale aufweist als der in der Frühen Neuzeit einsetzende Prozess der „Verstaatung" Europas.
22 Vgl. zu diesem Abschnitt Barraclough (1948), S. 35–43 u. 62–69; Gruner (1993), S. 9–12 u. 25–39.
23 Vgl. Barraclough (1948), S. 1–43; Winkler (2000), S. 5–13 u. 13–23.
24 Vgl. Abusch (1947), S. 55f.; Barraclough (1948), S. 70–107.

zudem durch eine Internationalisierung der Reichsverfassung erstmals eine auch – in heutiger Terminologie – völkerrechtlich verbindliche kontinentaleuropäische Dimension, weil den von divergierenden Interessen geleiteten Reichsständen das Bündnisrecht (auch) mit außerreichlichen Mächten und den maßgeblichen außerdeutschen Kriegsparteien Frankreich und Schweden ein Interventionsrecht in Reichsangelegenheiten eingeräumt wurde[25]. Der durch den Westfälischen Frieden geschaffene neue reichsrechtliche Rahmen zog einerseits einen Schlussstrich unter alle vorangegangenen Überlegungen zur Auflösung des mittelalterlichen Reichsverbandes und begründete als lockerer Bund gleichberechtigter Territorialfürsten unterschiedlicher Konfession eine neue deutsche „Einheit in Vielfalt". Der deutsche Verzicht auf die Etablierung einer dynastisch *nationalstaatlichen* Erbmonarchie im Altreich wirkte aber zugleich als ein – aus europäischer Sicht willkommenes – konstituierendes und stabilisierendes Element einer europäischen Friedensordnung, die von den „deutschen Landen" nicht bedroht war und im Kern bis zur Jahrhundertwende „um 1800" Bestand hatte[26,27].

Mit dem Ende des 30-jährigen Krieges setzte der Aufstieg des Kurfürstentums Brandenburg ein, das im Laufe des 18. Jahrhunderts als Königreich Preußen zu einer – nach den damaligen Maßstäben – neuen, wenn auch der kleinsten europäischen Großmacht emporstieg[28]. Durch eine Vielzahl von Erbfolgen und durch kriegerische Eroberungen hatten die Hohenzollern die von ihnen beherrschten Territorien kontinuierlich vergrößert und waren dabei weit über die Grenzen des Altreichs hinausgewachsen. Der Aufstieg des

---

25 Vgl. Gruner (1993), S. 82–87.
26 Im deutschen Verzicht auf bzw. in der europäischen Verhinderung der Schaffung eines reichsabsolutistischen Einheitsstaats durch den Westfälischen Frieden sah die nationalistische deutsche Geschichtsschreibung später den Tiefpunkt der (bisherigen) deutschen Reichsgeschichte und die erste der (in einer Reihe noch folgender) „deutschen Katastrophen". Die friedensstiftende Wirkung des Westfälischen Vertragswerkes wurde dabei weitgehend ausgeblendet. Vgl. Barraclough (1948), S. 103–107; Gruner (1993), S. 82–86.
27 Zum Reichsmythos, zu der Bedeutung der geographischen Lage Deutschlands zwischen Ost und West in Europa und der Reformation mit ihren Folgen als „Grundtatsachen der deutschen Geschichte" vgl. auch Gruner (1993), S. 60–64; Lukács (1973), S. 37–41; Mann (1958); S. 19–40; Winkler (2000), S. 5–13 u. 13–23.
28 Vgl. Barraclough (1948), S. 124–135.

protestantischen Preußens in direkter kriegerischer Auseinandersetzung mit dem katholischen Habsburgerreich als Inhaber der reichsdeutschen Kaiserkrone führte zu einem konkurrierenden Nebeneinanderbestehen von zwei deutschen Großmächten auf dem Boden des Altreiches. Dieser preußisch-österreichische Dualismus wurde zum Sprengsatz für den ohnehin labilen Zusammenhalt des Altreiches, das sich im Zuge der auf ganz Europa ausgreifenden napoleonischen Herrschaft im Jahre 1806 mit der Niederlegung der deutschen Kaiserkrone durch Franz II. endgültig auch de jure auflöste.

Nach dem Sieg der europäischen Koalition über das Frankreich Napoleons war in der Mitte Europas ein Machtvakuum entstanden, das erst durch die „Wiener Ordnung" von 1815 wieder ausgefüllt werden konnte. Die Errichtung des „Deutschen Bundes" als integraler Bestandteil der Wiener Kongressakte wurde für das 19. Jahrhundert zum Hauptanker der Schaffung eines neuen, mit der gesamteuropäischen Interessenlage im Einklang stehenden neuen Gleichgewichts der „Pentarchie" der kontinentaleuropäischen Mächte Russland, Österreich, Preußen, des besiegten Frankreich und Großbritanniens. Für die im Zuge der Befreiungskriege gegen die napoleonische Herrschaft entfachte nationale Erhebung *aller* Deutschen bedeutete die Errichtung des Deutschen Bundes hingegen eine schwere Enttäuschung, weil dieser die Schaffung der angestrebten nationalstaatlichen Einigung auf der Grundlage einer liberal-demokratischen und tendenziell einheitsstaatlichen Ordnung verhinderte und stattdessen den preußisch-österreichischen Dualismus um die dynastische Vorherrschaft in Deutschland wieder aufleben ließ[29].

Als Konsequenz aus der „Wiener Ordnung" von 1815 verlagerte das – jetzt nicht mehr reichsdeutsche – österreichische Kaiserreich sein Hauptinteresse immer stärker vom deutschen Siedlungsraum in den angrenzenden mittel- und osteuropäischen Raum. In einem die weitere deutsch-europäische Geschichte nachhaltig beeinflussenden Gegensatz zu diesem (Teil-)Rückzug Österreichs aus Deutschland wuchs das territoriale Gewicht Preußens innerhalb Deutschlands „nach Wien" beträchtlich, insbesondere durch erhebliche „Zugewinne" im Westen der „deutschen Lande". Dadurch rückte Preußen von einer bis dahin vorwiegend östlich und agrarisch geprägten „kleinen

---

29 Vgl. Barraclough (1948), S. 136–144; Gruner (1993), S. 107 u. 113; Mann (1958), S. 114–118 u. 118–122; Runge (1977), S. 62–66.

Großmacht" zu einer zentraleuropäischen Großmacht mit einem hohen industriellen Entwicklungspotential auf. Beflügelt durch die im 19. Jahrhundert auch Preußen erfassende industrielle, verkehrs- und kommunikationstechnische Revolution drängte es immer stärker in die politische, ökonomische und soziokulturelle Entwicklung des gesamten Deutschland ein und entwickelte sich so sukzessive zur deutschen Vormacht[30].

Das Scheitern der Revolution von 1848/49 bedeutete auch, dass keine der im revolutionären Kontext entwickelten innerdeutschen Konzeptionen für eine Lösung der „deutschen Frage" verwirklicht werden konnte. Weder die dynastische Option eines auch die nichtdeutschen Nationalitäten des Habsburgerreiches einschließenden „Großdeutschland" noch die – ebenfalls dynastische – kleindeutsch-hohenzollernsche Lösung eines um die süddeutschen Länder erweiterten „Großpreußen" konnten sich durchsetzen. Die Frankfurter Paulskirchenversammlung beschloss letztendlich unter dem maßgeblichen Einfluss der – nach dem damaligen Verständnis – liberal-demokratischen Kräfte des Bürgertums mehrheitlich das „gesamtdeutsche" Modell eines „nur" alle deutschsprachigen Territorien einschließlich Deutsch-Österreichs umfassenden neuen Reiches in den Grenzen des Deutschen Bundes und griff damit die in den Freiheitskriegen der napoleonischen Ära entworfene Idee von einem ganzen deutschen Vaterland „soweit die deutsche Zunge reicht" wieder auf[31]. Dieses Modell, dem erstmals in der deutschen Geschichte der Entwurf einer Reichsverfassung mit starken unitarischen Elementen zugrunde lag, scheiterte nicht nur am Sieg der konservativen Kräfte der „Reaktion" über die Revolution, sondern vor allem auch daran, dass seine Verwirklichung das Ende der Habsburgermonarchie bedeutet hätte[32].

Der europäisch-internationalen Interessenlage kam die 1848/49 besonders sichtbar gewordene Uneinigkeit der Deutschen durchaus gelegen, weil wohl jede der diskutierten Varianten ungeachtet ihrer ganz unterschiedlichen politischen und verfassungsrechtlichen Ausgestaltung zu einer aus europäischer Sicht unerwünschten, den Frieden gefährdenden Machtkonzentration in der

---

30 Vgl. Abusch (1947), S. 167; Gruner (1993), S. 107–112.
31 Vgl. Kohn (1962), S. 82f., der an dieser Stelle Ernst Moritz Arndt zitiert: „Was ist des Deutschen Vaterland?" sowie Mittenzwei (1980), S. 208f.
32 Auch deshalb hat der preußische König die ihm angetragene Kaiserkrone abgelehnt. Vgl. Mann (1958), S. 344–356; Schoeps (1981), S. 209f.

Mitte Europas geführt hätte³³. So aber wurde der Status quo des Vertragssystems von 1815 fortgeschrieben, d.h. der Fortbestand des Deutschen Bundes als eines lockeren föderativen Fürstenbundes in der Form eines konservativ-bewahrenden „Versicherungsvereins auf Gegenseitigkeit"³⁴, dessen beide Hauptmächte Österreich und Preußen sich machtpolitisch weiterhin gegenseitig neutralisierten³⁵.

Innerhalb des „restaurierten" Deutschen Bundes kam es seit den 1850er-Jahren unter dem Einfluss der zunehmenden politischen, militärischen und wirtschaftlichen Dominanz Preußens, die in der Österreich bewusst ausgrenzenden Gründung des Deutschen Zollvereins ihren konkreten Ausdruck fand, zum endgültigen Machtkampf zwischen Preußen und Österreich um die Vorherrschaft in Deutschland. Im „deutschen Bruderkrieg" von 1866 wurde dieser Kampf machtpolitisch zu Gunsten Preußens entschieden, das unter maßgeblicher Führung Bismarcks mit seiner „von oben" betriebenen dynastischen Reichsgründung einen rein preußisch-deutschen Nationalstaat unter Ausschluss (Deutsch-)Österreichs schuf³⁶.

Der deutsche Reichsgründungsprozess von 1870/71 wurde seitens der europäischen Nachbarn des neuen Deutschen Kaiserreichs zunächst weitgehend anerkannt bzw. toleriert. Vor allem die machtpolitisch zu dieser Zeit dominierenden europäischen Flügelmächte Großbritannien und Russland beunruhigte zu jener Zeit noch nicht die später in den Mittelpunkt gerückte konservative und reaktionäre innere Verfasstheit des neu geschaffenen Reichs als möglichen Störfaktor des europäischen Gleichgewichts. Vielmehr sahen sie in der Reichsgründung wohl eher den späten, aber historisch folgerichtigen Abschluss eines Jahrhunderte langen Prozesses deutscher Nationalstaatsbildung – eine Einschätzung, zu der auch die zumindest ihrer Intention nach zunächst auf die innere und äußere Konsolidierung des nun „saturierten" Reichs bedachte Politik der Bismarck-Ära beigetragen hat³⁷.

---

33 Vgl. Barraclough (1948), S. 144–151; Hildebrand (1980), S. 10f.
34 Vgl. Erdmann (1989), S. 63–65; Winkler (2000), S. 40–54.
35 Vgl. Gruner (1993), S. 127–133.
36 Vgl. Barraclough (1948), S. 150–160; Mann (1958), S. 344–356; 365–370 u. 383–385.
37 Zu den vielschichtigen Gründen für diese eher überraschende Sichtweise vgl. Beyrau (1980), S. 63–108; Eschenburg (1985), S. 35f.; Hildebrand (1980), S. 9–62; Kolb (1980), S. 5–8; Meinecke (1965), S. 27; Schulze Wessel (2000),

Erst die im Zeitalter des nationalistisch überhöhten Wilhelminismus immer deutlicher zu Tage tretenden, weit über die Reichsgrenzen hinaus weisenden Hegemonialbestrebungen des Deutschen Kaiserreichs im Zeichen des „Neuen Kurses" einer pangermanistischen „Weltpolitik" mit ihrem exzessiven Flottenaufbau, dem Anspruch auf Teilhabe an kolonialer Machtentfaltung sowie der Forderung nach einer Ostexpansion des Reichs sensibilisierten die europäischen Nachbarn Deutschlands wieder für das vom neuen Reich ausgehende Bedrohungspotential für das Machtgleichgewicht in Europa. Dabei rückten die Ansprüche des Reichs auf eine seiner – nach dem eigenen Selbstverständnis – gestiegenen Bedeutung Rechnung tragenden angemessenen Teilhabe an der Macht immer stärker in einen Fundamentalkonflikt mit den politischen, militärischen und ökonomischen Machtansprüchen des britischen Imperiums im Zeichen der „British Interests" und der „Pax Britannica" einerseits und der russischen Hegemonialbestrebungen über Mittel-/Osteuropa auf der anderen Seite[38].

Dem im zeitgenössischen Sprachgebrauch aufgrund seiner Entstehungsgeschichte und der preußischen Dominanz im Reich schon bald als „Preußen-Deutschland" titulierten Deutschen Kaiserreich wurde nach der Niederlage im Ersten Weltkrieg von den Siegermächten der Entente im Friedensvertrag von Versailles die Alleinschuld am Kriegsausbruch zugewiesen[39]. Als Konsequenz hieraus sollte das nunmehr demokratisch-republikanische Deutsche Reich der Weimarer Republik durch weitreichende politische, wirtschaftliche,

---

S. 773–780. Auch die USA sympathisierten mit den deutschen Einigungsbemühungen, nicht zuletzt weil Preußen die Ziele der Union während des amerikanischen Unabhängigkeitskrieges unterstützt hatte. Vgl. Backer (1981), S. 13.

38 Vgl. Barraclough (1948), S. 160–180; Born (2000), S. 115–125; Eschenburg (1985), S. 35f.; Gruner (1993), S. 162–175; Hildebrand (1980), S. 59–63; Kohn (1962), S. 308–312 u. 316–318.

39 Vgl. Barraclough (1948), S. 186f.; Mann (1958), S. 578–589. Zur aktuellen Diskussion über die Berechtigung dieser These vgl. Clark (2013), S. 715–717. Mit seiner Antithese, wonach der Kriegsausbruch von 1914 das Ergebnis eines gemeinsamen, multipolaren und interaktiven Zusammenwirkens aller Kriegsbeteiligten war, hat Clark eine neuerliche heftige Debatte über die Kriegsschuldfrage ausgelöst, ohne dabei die kriegerische und imperialistische Paranoia Preußen-Deutschlands auch nur ansatzweise in Frage zu stellen. Ähnlich kritisch wie Clark hat im Übrigen schon im Jahre 1919 Hermann Hesse argumentiert. Vgl. Kohn (1962), S. 274–276.

finanzielle, militärische und begrenzte territoriale Auflagen in seiner Großmachtrolle zwar auf ein im Interesse der Friedenssicherung und Machtbalance auf eine – nicht nur räumlich zu verstehende – „kritische Größe" beschnitten und seine Kolonial- und Seemacht vernichtet werden; die noch junge Einheit Deutschlands sollte aber prinzipiell erhalten bleiben und Deutschland der sich gerade gründenden Völkergemeinschaft angehören[40].

Unter den Siegermächten des Ersten Weltkrieges wurde aber auch schon damals intensiv die Alternative erörtert, das Deutsche Reich im Sinne eines Karthago-Friedens militärisch völlig nieder zu werfen, durch die Bildung mehrerer souveräner Nachfolgestaaten zu zerschlagen und durch umfangreiche Gebietsabtretungen – die überwiegend preußische Territorien betroffen hätten – auch räumlich auf eine europaverträgliche Größenordnung zu reduzieren. Dass diese Überlegungen in Versailles (noch) nicht zum Tragen gekommen sind, kann einerseits damit erklärt werden, dass die Akteure jener Zeit noch sehr dem Denken des 19. Jahrhunderts bezüglich des fairen Umgangs mit einem militärisch Besiegten verhaftet waren, der zudem über hundert Jahre lang ein Teil der „Pentarchie" gewesen war. Gewichtiger dürfte aber der Umstand gewesen sein, dass ein zwar gezähmtes, potentiell aber unverändert starkes Deutschland als Bollwerk gegen die sich seit der russischen Oktoberrevolution mit aller Macht abzeichnende, in ihren welthistorischen Wirkungen aber zu jener Zeit schwer einzuschätzende bolschewistische Bedrohung gesehen wurde[41]. Die Chancen, die dadurch im Versailler Vertrag auch für eine nachhaltige Konsolidierung der Bismarckschen Reichsgründung unter inzwischen völlig

---

40 Vgl. Eschenburg (1985), S. 36f. Alle Bestrebungen der aus dem Untergang der österreichisch-ungarischen Doppelmonarchie hervor gegangenen Republik Deutsch-Österreich, dem republikanischen Deutschen Reich aus eigenem Entschluss beizutreten und damit in Anknüpfung an die liberal-demokratische 1848er-Tradition der Paulskirchenversammlung doch noch eine „gesamtdeutsche" Lösung der „deutschen Frage" zu verwirklichen, wurden durch die Pariser Vorortverträge allerdings sowohl Deutsch-Österreich als auch dem Deutschen Reich insbesondere auf Druck Frankreichs kategorisch untersagt. Vgl. Barraclough (1948), S. 186; Mann (1958), S. 663.

41 Vgl. Gruner (1993), S. 177–191; Hildebrand (1980), S. 10–12; Siedler (1991), S. 18. Die US-amerikanische Haltung in dieser Frage war darüber hinaus sehr stark von den „Vierzehn Punkten" des Präsidenten Woodrow Wilson mit deren Betonung der Selbstbestimmung und des Rechts *aller* Völker auf den Erhalt ihrer eigenen Identität geleitet. Vgl. Backer (1981), S. 15.

veränderten politischen und gesellschaftlichen Rahmenbedingungen gelegen haben, wurden auf deutscher Seite in einer verhängnisvollen Mischung aus strategischer Kurzsichtigkeit und zerstörerischer Mutwilligkeit verkannt. Stattdessen wurden von den alten politischen, militärischen, ökonomischen und gesellschaftlichen Eliten einschließlich weiter Kreise der Intellektuellen die neuen Mythen des Diktatfriedens, der Dolchstoßlegende und der Novemberverbrecher „salonfähig" gemacht und populistisch verbreitet[42].

Die grundsätzliche Ablehnung der parlamentarischen Demokratie seitens der republikfeindlichen Kräfte führte in die endgültige „deutsche Katastrophe" der Jahre 1933 bis 1945. Vor dem Hintergrund der aggressiven und zerstörerischen Eroberungs- und Gewaltpolitik des nationalsozialistischen Deutschen Reichs entwickelte sich unter den Mächten der Anti-Hitler-Koalition schon während des Zweiten Weltkrieges die unerschütterliche Entschlossenheit, die Fehler und Versäumnisse der aus ihrer Sicht viel zu zaghaften Lösung der längst zum „deutschen Problem" gewordenen „deutschen Frage" durch den Versailler Vertrag jetzt radikal und dauerhaft in ihrem Sinne zu entscheiden[43]. Je länger der Krieg andauerte und je offenkundiger die Kriegs- und Menschheitsverbrechen des NS-Regimes wurden, umso mehr rückten bei den Alliierten Überlegungen in den Vordergrund, Deutschland territorial erheblich zu beschneiden und die nationale und staatliche Einheit des deutschen Volkes wieder aufzulösen[44]. Im Ergebnis eines langen und überaus komplexen Entscheidungsprozesses, der mit den Kriegskonferenzen der „Großen Drei" einsetzte und sich in zahllosen Nachkriegskonferenzen der Alliierten fortsetzte, wurde im Jahre 1955 mit der vollständigen politischen, sozioökonomischen und militärischen Integration der beiden deutschen Nachkriegsstaaten Potsdam-Deutschlands in „ihre" jeweiligen Bündnissysteme sowie durch den Staatsvertrag der Alliierten mit Österreich eine „Drei-Staaten-Lösung" der „deutschen Frage" realisiert. Damit waren alle gesamtdeutschen Träume in der 1848er-Tradition endgültig Geschichte geworden und die Spaltung Potsdam-Deutschlands wurde auf Jahrzehnte hinaus zementiert.

Aus der reichsdeutschen Perspektive war 1938 der „Anschluss" Österreichs noch als Vollendung der großdeutschen Sehnsucht im Sinne der

---

42 Vgl. Kohn (1962), S. 326–328.
43 Vgl. Moltmann (1980), S. 233f.
44 Vgl. Deuerlein (1957), S. 20.

Herstellung der nationalen Einheit aller Deutschsprechenden begeistert gefeiert worden[45] – eine Einheit, die nach wenigen Jahren als Folge einer staatlich sanktionierten und exekutierten Gewaltherrschaft in einem Scherbenhaufen zusammenbrach. Nach 1945, spätestens aber seit dem Jahre 1955 wurde deshalb die „deutsche Frage" sowohl für die Deutschen als auch für die Alliierten zur Frage nach der „Wiedervereinigung" im Sinne einer Wiederherstellung der Einheit des deutschen Volkes, wobei *deutscherseits* lange Zeit offen blieb, welche historische Grenzziehung damit gemeint war.

2.2 Der Aufstieg und Niedergang Preußens als integraler Bestandteil der deutschen Geschichte

Der Staat Preußen hat zwei voneinander über viele Jahrhunderte zunächst gänzlich unabhängige historische Wurzeln[46]. Die *„Urgeschichte"* Preußens, sein „Ur- und Wurzelboden"[47], führt sowohl in die hochmittelalterliche Geschichte des Aufstiegs und allmählichen Verfalls der seit dem frühen 12. Jahrhundert in Brandenburg herrschenden Askanier als auch zu der Entstehung des Ordensstaates des Deutschen Ritterordens zurück. Letzterer war 1226 durch die Goldbulle von Rimini von Kaiser Friederich II. mit dem Land des heidnischen Volkes der „Pruzzen" belehnt worden, um das Gebiet zu beiden Seiten der Weichselmündung zu kolonisieren und zu missionieren. Im Zuge des deutliche Merkmale einer gewaltsamen Eroberung und Christianisierung tragenden Feldzuges der Deutschordensritter adaptierten diese den Namen der Usurpierten, was zur Folge hatte, dass sich für den Ordensstaat und dessen sich allmählich immer stärker vermischende Bevölkerung aus Pruzzen und den in das eroberte Land geholten deutschen und slawischen Kolonisten die *Land- und Stammesbezeichnung* „Preußen" herausbildete[48].

---

45 Ebda. S. 21; Mann (1958), S. 1036f. Wehler wirft in diesem Zusammenhang sogar die hypothetische Frage auf, ob die Deutschen Hitler wohl als größten Staatsmann ihrer neueren Geschichte verehrt hätten, wenn er zu diesem Zeitpunkt einem Herzinfarkt oder einem Attentat erlegen gewesen wäre. Vgl. Wehler (2003), S. 622f. u. 651.
46 Vgl. Abusch (1947), S. 30–40; Schoeps (1981), S. 13–18 u. 19–30; Vetter (1983), S. 11–22.
47 Vgl. zu diesen Begrifflichkeiten Haffner (1978), S. 40 und im Einzelnen Gornig (2000), S. 31–39 u. 50.
48 Vgl. Haffner (1978), S. 40 u. 352.

Völlig losgelöst von der Geschichte des Ordensstaats wurde nach dem Ende der Askanierdynastie dem Burggrafen Friedrich IV. von Nürnberg aus dem Hause Hohenzollern 1415 auf dem Konstanzer Konzil die Herrschaft über die Mark Brandenburg übertragen und zugleich die Kurfürstenwürde des Heiligen Römischen Reiches deutscher Nation verliehen[49]. Es bestehen deshalb berechtigte Zweifel daran, ob in diesen beiden in keinerlei Weise miteinander verbundenen historischen Entwicklungen, so sehr sie auch zur Tiefendimension preußischer Geschichte gehören, den Beginn der preußischen Geschichte zu sehen. Unbestritten ist aber, dass es ohne die Eroberung des Landes der Pruzzen durch den Deutschen Orden den *Staatsnamen* Preußen für das 1701 begründete Königtum nie gegeben hätte[50].

Der Ursprung des preußischen Staates im engeren Sinne rückte erst mit seiner *Vorgeschichte* ins Blickfeld, als die beiden genannten Gebiete – das Kurfürstentum Brandenburg und der 1525 nach langen kriegerischen Auseinandersetzungen mit den polnischen Königen in ein weltliches Herzogtum umgewandelte Ordensstaat – im Zuge einer von den Hohenzollern zielstrebig betriebenen Erbfolgepolitik 1618 unter deren einheitlicher Herrschaft zusammen geführt wurden „und damit ... gewissermaßen der Embryo gezeugt (worden ist), der 83 Jahre später (1701) zur Welt kommt"[51]. Dieser Vorgang einer „Fusion" des zum Herzogtum Preußen gewordenen Pruzzenlandes mit dem aus der ursprünglichen Mark Brandenburg hervorgegangenen Kurfürstentum markiert den Beginn der Geschichte Brandenburg-Preußens und leitet zugleich die *Entstehungsgeschichte* des Staates Preußen ein[52]. Dessen eigentliche Geschichte beginnt mit dem Sieg des – danach so genannten – „Großen Kurfürsten" in der schon frühzeitig legendär verklärten Schlacht bei Fehrbellin im Jahre 1675. Dieser Erfolg legte gleichwohl politisch-militärisch den Grundstein für den späteren Aufstieg des Königreichs Preußen zu einem neuen europäischen Machtfaktor und wurde darüber hinaus auch zum auslösenden Moment der Herausbildung eines alle hohenzollernschen

---

49 Vgl. Clark (2007), S. 24–27; Schoeps (1981), S. 23f.
50 Vgl. Runge (1977), S. 7–22; Thadden (1981), S. 14f.
51 Haffner (1978), S. 41. Vgl. auch Schoeps (1981), S. 17; Thadden (1981), S. 15f.
52 Vgl. Clark (2007), S. 90–92 u. 93–105; Haffner (1978), S. 41; Runge (1977), S. 7–22; Thadden (1981), S. 15–18.

Territorien durchdringenden gemeinsamen Staatsgefühls[53]. Mit der Krönung des brandenburgischen Kurfürsten Friedrich III. zum König Friedrich I. „in Preußen" im Jahre 1701[54] rückte an die Stelle einer ursprünglich rein geographisch-stammesgeschichtlichen Bezeichnung für das pruzzische Siedlungsgebiet jenseits der Weichsel der *Staatsname* „Preußen" immer stärker in das Zentrum des herrschaftlichen Selbstverständnisses der Hohenzollern und des gesamtstaatlichen Bewusstseins seiner über verschiedene Territorien „preußischer Staaten" verstreuten Untertanen, so dass mit der Begründung des Königtums „das lange Werden Preußens" im Sinne eines vormodernen Staatsbildungsprozesses endgültig abgeschlossen war[55].

Im 18. Jahrhundert stieg das unabhängige, souveräne Preußen in mehreren Entwicklungsschritten zu einer „kleinen Großmacht"[56] in Europa auf. Die entscheidenden Schritte auf diesem Weg waren die Schlesischen Kriege Friedrichs II. und die – im Einklang mit Österreich und Russland betriebenen – drei polnischen Teilungen, die Preußen einerseits bedeutende Gebietszuwächse einschließlich umfangreicher Territorien außerhalb der Grenzen des Altreichs bescherten, zugleich aber Preußen durch die Auslöschung eines selbständigen polnischen Staates zu einem Zweivölkerstaat mit einem hohen polnischen Bevölkerungsanteil in „Preußisch-Polen" formten[57]. Durch diese Entwicklungen geriet der schon zu brandenburgischen Zeiten protestantisch gewordene Staat immer mehr in das Zentrum der innerreichlichen Auseinandersetzungen mit dem katholischen Kaisertum in Österreich um die Vorherrschaft in den „deutschen Landen" und damit zugleich in die machtpolitischen Konflikte europäischer Gleichgewichtspolitik. Nach den Niederlagen gegen das napoleonische Frankreich bei Jena

---

53 Vgl. Haffner (1978), S. 50f.; Schoeps (1981), S. 32f.; Thadden (1981), S. 17 u. Fn. 8 auf S. 160 unter Verweis auf Theodor Fontane.
54 Vgl. Gornig (2000), S. 58. Mit dieser Titulierung wurde auf kunstvoll-diplomatische Weise dem Umstand Rechnung getragen, dass das seit dem Thorner Frieden unter polnischer Herrschaft stehende „Westpreußen" nicht Teil des neuen Königtums Preußen war.
55 Vgl. Gornig (2000), S. 60–68; Haffner (1978), S. 53; Küttler (1983), S. 37–45; Schoeps (1981), S. 41–44; Thadden (1981), S. 17f.
56 Vgl. Haffner (1978), S. 116, Mittenzwei (1980), S. 125; Schoeps (1981), S. 78.
57 Vgl. Clark (2007), S. 228–251, 274–284 u. 339–342; Gornig (2000), S. 61–63 u. 64–67, Mittenzwei (1980), S. 55–64, 64–73, 101–129 u. 167–173; Schoeps (1981), S. 65–78 u. 81.

und Auerstedt im Jahre 1806 verlor Preußen im Frieden von Tilsit alle im 17. Jahrhundert erworbenen Gebiete westlich der Elbe und die umfangreichen Erwerbungen aus der zweiten und dritten Teilung Polens, womit ein vorzeitiges Ende des noch jungen, schon von Napoleon als „Episode" der Geschichte charakterisierten Staates beinahe besiegelt erschien[58]. Die „Wiener Ordnung" von 1815 brachte im Ergebnis der Befreiungskriege ein neues europäisches Gleichgewichtssystem der Mächte der „Pentarchie" hervor, das über Jahrzehnte Bestand hatte und dessen wesentlicher Bestandteil die Errichtung des Deutschen Bundes war, dessen loser föderativer Charakter eines Fürstenbundes den europäischen Befürchtungen vor einem zu mächtigen deutschen Einheits- und Zentralstaat sehr entgegen kam[59]. Durch die Wiener Kongressakte erhielt Preußen im Wege der „vierten polnischen Teilung" die Provinz Posen zurück. Insbesondere auf Betreiben Großbritanniens, das in Frankreich trotz dessen militärischer Niederlage unverändert seinen Hauptkonkurrenten im imperialen Machtstreben sah und deshalb durch ein erstarktes Preußen schwächen wollte, erhielt dieses zudem das Rheinland und Westfalen zugesprochen, womit ihm auch die später mystisch überhöhte und das Verhältnis mit Frankreich nachhaltig belastende Rolle der „Wacht am Rhein" zufiel. Mit Schlesien, dem Ruhrgebiet und dem Saarland verfügte das dadurch erheblich nach Westen erweiterte Preußen damit unvermittelt und so, „wie Preußen selbst es sich nicht ausgesucht hätte"[60], über alle diejenigen deutschen Territorien, die sich im Zuge der in Deutschland erst gegen Mitte des 19. Jahrhunderts mit voller Kraft einsetzenden industriellen Revolution zu den künftigen industriellen Kernzonen entwickeln sollten. Durch die interessengeleitete Verbindung der aufkommenden Industriewirtschaft mit der ostelbischen Landwirtschaft wurde dem Aufstieg Preußens zur führenden Wirtschaftsmacht in Mitteleuropa damit entscheidend der Weg bereitet[61].

---

58 Vgl. Gornig (2000), S. 69f.; Kohn (1962), S. 9.
59 Vgl. Clark (2007), S. 448–459; Eschenburg (1985), S. 35; Mann (1958), S. 114–118 u. 118–124.
60 Vgl. Clark (2007), S. 448f.; Haffner (1978), S. 181; Schoeps (1981), S. 150 u. 153–163.
61 Vgl. Gornig (2000), S. 71–76; Haffner (1978), S. 180f. Zur territorialen Entwicklung Brandenburg-Preußens seit 1415 bis zur Reichsgründung vgl. im Einzelnen die Übersichten bei Schoeps (1981), S. 394–399.

Die gescheiterten Versuche einer neuen deutschen Reichsgründung in den Revolutionsjahren 1848/49[62] führten im Zeichen der anschließenden Phase der „Reaktion" zunächst zu einer Fortsetzung jenes auch aus europäischer Sicht wohlgelittenen Dualismus zwischen Preußen und Österreich, der auch das innerdeutsche Machtgleichgewicht zementierte[63]. Erst durch den „deutschen Bruderkrieg" von 1866 wurde diese Machtfrage um die Vorherrschaft im deutschsprachigen Mitteleuropa zu Gunsten Preußens entschieden[64]. Durch die nach dem Krieg der deutschen Fürsten gegen Frankreich verwirklichte neue kleindeutsche bzw. großpreußische Reichsgründung von 1870/71 unter Ausschluss Österreichs wurde Preußen, das nahezu zwei Drittel der Fläche, der Bevölkerungszahl und der Wirtschaftskraft des gesamten Reichs umfasste, zu dessen unbestrittener Hegemonialmacht. Damit verbunden war einerseits eine Schwerpunktverlagerung deutscher Reichsgeschichte von der traditionellen westlichen Orientierung des Altreiches auf die östlichen Regionen jenseits der Elbe. Zugleich führte die preußisch-kleindeutsche Lösung der „deutschen Frage" dazu, dass die bestehende preußische Territorialbasis im Osten des neuen Reiches nunmehr „verreichlicht" wurde, wodurch die östlichen Reichsgrenzen weit über die Jahrhunderte alte Ostgrenze des Altreiches und des Deutschen Bundes nach Polen hinein verschoben und die Teilung Polens dadurch – aus zeitgenössischer Sicht – verendgültigt worden war[65].

Dieser Höhepunkt preußischer Machtentfaltung markierte zugleich auch den Beginn eines schleichenden, aber unaufhaltsamen Niedergangs Preußens als souveräner Staat im Zuge eines Prozesses, in dem Preußen dem neugegründeten Reich zunächst unverkennbar seinen Stempel aufdrückte, um dann sukzessive durch den sich formierenden (klein-)deutschen

---

62 Zu den Gründen für das Scheitern vgl. im Einzelnen Clark (2007), S. 536–556 u. 557–569; Kohn (1962), S. 145–149; Runge (1977), S. 66f.
63 Vgl. Gornig (2000), S. 78; Schoeps (1981), S. 198–206 u. 207–211; Winkler (2000), S. 40–54.
64 Vgl. Clark (2007), S. 607–624; Schoeps (1981), S. 254–256.
65 Vgl. Born (2000), S. 25–29; Haffner (1978), S. 266–279; Kohn (1962), S. 8f.; Mann (1958), S. 225–228; 350–355, 365–370 u. 376–385; Schoeps (1981), S. 259–268; Zernack (1981), S. 51f. u. 66f.

Nationalstaat verdrängt zu werden[66]. Auch wenn das „definitive Ende" Preußens letztendlich nur als das Ergebnis eines sich über ein dreiviertel Jahrhundert erstreckenden historischen Prozesses als einem „langen Sterben Preußens" bei seinem „Aufgehen in Deutschland" verstanden werden kann, so markieren doch eine Reihe von wichtigen Jahreszahlen und die mit diesen verbundenen einschneidenden Ereignisse entscheidende Etappen dieses Prozesses, nämlich die Jahre 1871, 1919, 1932 und 1947[67].

Im Jahr der Reichsgründung 1871 haben darin wohl – bis auf den vielzitierten Kaiser Wilhelm I. mit seiner emotionalen, in der Rückschau aber weitblickenden Prophezeiung, mit dem 18. Januar 1871 würde das preußische Königtum zu Grabe getragen[68] – die wenigsten preußischen und reichsdeutschen Zeitgenossen einen historischen Wendepunkt für das weitere Schicksal Preußens im Reich erkannt, war doch Preußen gerade erst in Erfüllung einer von der borrussischen Geschichtsschreibung immer wieder und fälschlicherweise mythisch verklärten „deutschen Mission" als treibende Kraft der Reichsgründung zu dessen innerreichlichen Hegemonialmacht aufgestiegen. Dessen starke Prägekraft führte ohne Zweifel zu einer Verpreußung des gesamten Reiches[69]. Gleichwohl ging mit der Reichsgründung auch ein Prozess der Verlagerung innerstaatlicher Kompetenzen und Souveränität Preußens – wie auch aller anderen Gliedstaaten des Reichs – auf neu geschaffene Reichsinstitutionen einher. Aufgrund seiner bis dato bestehenden Machtfülle war Preußen von diesem Wandel aber sehr viel stärker betroffen als die übrigen Gliedstaaten. In dem daraus sich entwickelnden neuen innerreichlichen Dualismus zwischen Preußen und dem Reich setzte sich das Reich im Laufe der Zeit immer stärker durch, wohingegen Preußen

---

66 Vgl. Clark (2007), S. 634–703; Haffner (1978), S. 279 u. 336f.; Krockow (1992), S. 7. Vereinzelt wird auch schon das Jahr 1866 des „deutschen Bruderkriegs" als Wendepunkt der preußischen Geschichte in Erwägung gezogen. Vgl Gornig (1997), S. 323f.; ders. (2000), S. 82–84.
67 Vgl. Clark (2007), S. 634–703; Gornig (1977), S. 324–329; ders. (2000), S. 21 u. 141–172; Haffner (1978), S. 337–349; Hinrichs (2001), S. 11; Mann (1968), S. 243, Schoeps (1981), S. 273–301; Thadden (1981), S. 19; ders. (1991), S. 262–264.
68 Zitiert bei Knopp (1980), S. 22. Vgl. auch Krockow (1981), S. 9; Schoeps (1981), S. 266.
69 Vgl. Gornig (1977), S. 325; ders. (2000), S. 82–84.

unter der Herrschaft der neuen reichsdeutschen Souveränität – die insbesondere in der Außenvertretung aller deutschen Einzelstaaten durch das Reich überdeutlich wurde – seine in über 170 Jahren „eigener" Geschichte erlangte politische Autarkie zunehmend einbüßte[70].

Der Untergang der Hohenzollernmonarchie im November 1918 markierte einen weiteren einschneidenden Wendepunkt in der Entwicklung des Verhältnisses zwischen dem durch die Weimarer Reichsverfassung zum „Land" gewordenen Freistaat Preußen und dem jetzt republikanisch konstituierten, demokratisch-parlamentarischen Deutschen Reich[71]. Die Frage nach einer reichsverträglichen Einordnung Preußens in das Reichsganze entwickelte sich als „preußisch-deutsche Frage" zu einem der zentralen, aber nie in konstruktiver Weise gelösten Konfliktfelder der Weimarer Republik. Unter den durch die revolutionären Umbrüche radikal veränderten gesellschaftlichen und politischen Verhältnissen ging es dabei im Kern um die Beseitigung Preußens als teilsouveränen Staat und die Erhebung der bisherigen preußischen Provinzen namentlich im Westen des Reichs, aber auch Schlesiens und Ostpreußens zu eigenständigen Ländern innerhalb des Reiches[72]. Stattdessen blieb Preußen – ungeachtet der in der Weimarer Republik immer weiter ausgreifenden Reichskompetenzen zu Lasten der Länder und damit auch zu Lasten Preußens – als eigenständiger Staatskörper erhalten und trotz der begrenzten Gebietsverluste als Folge des Versailler Vertrages der dominierende Reichsteil, der zudem unter dem langjährigen sozialdemokratischen Ministerpräsidenten Otto Braun als „Bollwerk" der Republik neues politisches Gewicht erlangte[73].

---

70 Vgl. Gornig (1977), S. 324; ders. (2000), S. 142–152; Hubatsch (1980), S. 23f.; Knopp (1980), S. 21–23; Thadden (1981), S. 19f.
71 Vgl. Clark (2007), S. 704–716; Hubatsch, (1980), S. 24; Mann (1968), S. 256–259; Möller (2000), S. 172–178 u. 190–197; Schoeps (1981), S. 288–293.
72 Vgl. Brecht (1949), S. 126–137; Erdmann (1966), S. 21–48; Gornig (2000), S. 154–162; Haffner (1978), S. 344f.; Kettenacker (1981), S. 313f.; Köhler (1986), S. 15–20; Möller (2000), S. 289–298.
73 Vgl. Baumgart (1997), S. 339; Clark (2007), S. 716–727; Craig (1985), S. 95–124; Gornig (1977), S. 325f.; Kettenacker (1981), S. 313f.; Mann (1968), S. 256–258; Möller (1980), S. 231–245; Thadden (1981), S. 20f.; Unger (2000), S. 247–249.

Vieles spricht dafür, im Datum des „Preußenschlags" vom 20. Juli 1932 das tatsächliche Ende Preußens zu sehen, weil es von diesem Tage an keine demokratisch legitimierte preußische Regierung mehr gab und dieses Ereignis nur der Auftakt zu einer Entwicklung war, an deren Ende die vollständige Entföderalisierung des Deutschen Reichs und dessen Umwandlung in einen diktatorischen, zentralistischen Einheitsstaat stand, in dem Preußen und alle anderen Länder der Weimarer Republik zu reinen Verwaltungseinheiten ohne jeden Restbestand an Eigenstaatlichkeit degradiert worden waren[74]. Gegen die Charakterisierung der staatsstreichartigen Reichsexekution gegen Preußen als dem faktischen Ende der staatlichen Existenz Preußens spricht allerdings nicht nur der nahezu surreal anmutende Umstand, dass die preußische Bürokratie bis in die Tage des Untergangs des „Dritten Reiches" intakt blieb[75], sondern vor allem die zielstrebige und missbräuchliche Instrumentalisierung des preußischen Mythos durch die NS-Propaganda, angefangen beim „Tag von Potsdam" über die geschichtsverfälschende Konstruktion einer preußischen „Ahnengalerie" von Friedrich II. über Bismarck bis zu Hindenburg und Hitler und endend bei der vermeintlichen Wiederholung des „Mirakels des Hauses Brandenburg" angesichts des Todes des US-Präsidenten Roosevelt am 12. April 1945[76]. „Den 20. Juli 1932 als Enddatum der preußischen Geschichte nehmen, hieße also, sich billig aus der Geschichte davonzustehlen. (Denn) Preußen im Dritten Reich Hitlers ist ein Thema, dem wir uns nicht entziehen können"[77] – eine Sichtweise, der insbesondere für die Einschätzung der Rolle Preußens in der deutschen

---

74 Vgl. Born (2000), S. 298–308; Görtemaker (2000), S. 198–201; Gornig (1977), S. 327f.; ders. (2000), S. 163–172; Haffner (1978), S. 346f.; Hubatsch (1980), S. 24; Mann (1968), S. 258f.; Möller (2000), S. 298–308; Schlenke (1991), S. 263f.; Thadden (1981), S. 21f. Für Clark beginnt das Ende Preußens bereits mit der Novemberrevolution von 1918 und vollendet sich im Preußenschlag. Vgl. Clark (2007), S. 704 u. 728–743.
75 Exemplarisch hierfür steht die vielzitierte Veröffentlichung des Haushaltsplans des preußischen Staats für das Rechnungsjahr 1945 vom 17. April 1945. Vgl. Görtemaker (2000), S. 201; Gornig (1977), S. 328f.; Knopp (1980), S. 9; Schlenke (1991), S. 268.
76 Vgl. Benz (1986), S. 47f.; Clark (2007), S. 743–747 u. 751f.; Craig (1985), S. 9; Görtemaker (2000), S. 200; Gornig (1977), S. 328; Krockow (1981), S. 174f; Möller (2000), S. 310; Schlenke (1991), S. 264–267.
77 Thadden (1981), S. 22.

und europäischen Geschichte seitens der Alliierten eine ausschlaggebende Rolle zukam[78].

So verbleibt als letztes und „vergleichsweise plausibelstes Datum"[79] für das Ende der preußischen Geschichte das Gesetz Nr. 46 des Alliierten Kontrollrats vom 25. Februar 1947, mit dem diese den Staat Preußen – einschließlich aller seiner Institutionen, d.h. auch seiner Bürokratie – als den aus ihrer Sicht Alleinverantwortlichen für die Irrwege deutscher Geschichte formal auflösten, während „Deutschland als Ganzes" nach dem Willen der Siegermächte unter deren gemeinsamer Verantwortung fortbestehen sollte[80]. Ob Preußen mit diesem „Federstrich" aber für immer ausgelöscht wurde, bleibt eine offene Frage[81].

---

78 Vgl. hierzu Kap. 3.1.
79 Vgl. Thadden (1981), S. 22f., der aber zugleich einschränkend bemerkt, dass es letztendlich nicht möglich ist, das Todesdatum Preußens zweifelsfrei und widerspruchsfrei anzugeben und seine Geschichte damit befriedigend zu terminieren. Vgl. ebda., S. 23f. Einen ganz anderen Blick auf das Ende Preußens wirft Craig mit seiner Feststellung, dass die Jahre 1871, 1918 und 1932 dafür zu früh liegen und 1947 zu spät – um daraus den Schluss zu ziehen, dass „Preußen, unter maßgeblicher Mithilfe seiner Militärs und Großgrundbesitzer, 1933 Selbstmord begangen hatte." Vgl. Craig (1985), S. 8–10 u. 124. Von einem „triumphalen Selbstmord" spricht auch von Krockow, bezieht sich dabei allerdings auf die Schaffung des deutschen Nationalstaats durch Preußen im Jahre 1871. Vgl. Krockow (1981), S. 17.
80 Vgl. Gornig (2000), S. 258–262; Mann (1968), S. 260; ders. (1958), S. 981f.; Möller (2000), S. 308–311; Thadden (1981), S. 22f.
81 Vgl. hierzu Kap 6.2.

3 Die Entstehungs- und Wirkungsgeschichte des Kontrollratsgesetzes Nr. 46

3.1 Das Preußen- und Deutschlandbild der Alliierten als Determinanten ihrer Kriegsziel- und Nachkriegsplanung

Das außerdeutsche Bild von Preußen wurde seit dessen im 17. Jahrhundert unter dem „Großen Kurfürsten" einsetzenden Aufstieg zu einem neuen europäischen Machtfaktor dynastisch-absolutistischer Prägung von der Vorstellung einer sich zunehmend militarisierenden Gesellschaft bestimmt[82]. Unter dem Eindruck der Schlesischen Kriege Friedrichs II. und den damit einhergehenden erheblichen Gebietserweiterungen verfestigte sich das Bild von Preußen als einer aggressiven, expansiven und rücksichtslosen Militärmacht, wenngleich sich die preußischen Machtmechanismen und Herrschaftstechniken keineswegs besonders auffällig von denen der anderen europäischen Dynastien jener Zeit unterschieden. Wesentlich nachhaltiger wurde deshalb die außerdeutsche Wahrnehmung von Preußen durch die dort – wie auch in den anderen freiheitsbewegten „deutschen Landen" – nach der Französischen Revolution und unter dem Eindruck der napoleonischen Kriege einsetzende Entfremdung der geistig-politischen und gesellschaftlichen Entwicklung von dem im westlichen Europa vorherrschen Aufklärungsdenken, dem Geist des Humanismus, der Emanzipation der bürgerlich-kapitalistischen Gesellschaft und der Herausbildung des politischen Konstitutionalismus bestimmt. Diese Abkehr von den westlichen Idealen moderner Gesellschaftsentwicklung wurde in erster Linie mit Preußen in Verbindung gebracht[83], das nach dem Wiener Kongress – in einem gesellschaftspolitischen Gleichklang mit Russland und Österreich – einen als reaktionär eingestuften „Sonderweg" eingeschlagen habe, mit dem es sich vom „Normalpfad" des europäischen Modernisierungsprozesses abgeschottet habe. Träger dieses preußischen Sonderwegs, der zu politischem und gesellschaftlichem Stillstand geführt habe, waren aus Sicht der Westeuropäer und der USA die – in einer etwas diffusen und unpräzisen Umschreibung so

---

82 Vgl. Büsch (1981), S. 45–60.
83 Vgl. Lukács (1973), S. 49–59.

bezeichneten – „ostelbischen Junker" und die aus dieser Gesellschaftsschicht hervorgegangene und deren Machtanspruch zugleich stützende Militärkaste als den herrschaftsbestimmenden sozialen Gruppierungen Preußens[84].

Die preußische „Westverschiebung" nach 1815 schuf durch die Einverleibung des Ruhr- und des Saargebiets – aus dem europäischen Blickwinkel so sicherlich nicht beabsichtigt – die Voraussetzungen dafür, dass Preußen ab der Mitte des 19. Jahrhunderts binnen kurzer Zeit zur stärksten politischen und wirtschaftlichen Macht im Deutschland des „Deutschen Bundes" aufstieg. Die Bismarckschen Einigungskriege von 1862 und 1866 und der preußisch geführte deutsch-französische Krieg von 1870 markierten aus westeuropäischer Sicht denn auch den Beginn eines verhängnisvollen, im Zeitalter des Wilhelminismus voll zur Geltung gelangenden innenpolitischen Machtkartells aus dem Agrarfeudalismus der ostelbischen Junker, dem im Zuge der verspäteten industriellen Revolution sich herausbildenden Industriefeudalismus der neuen sozialen Gruppierung der westelbischen Schwerindustriellen[85] und dem preußischen Militär. Dieses Kartell herrschte demnach autoritär über das neu gegründete Deutsche Kaiserreich und wurde ungeachtet der heterogenen geographischen, stammesgeschichtlichen und sozialen Herkunft seiner Mitglieder in Gänze als „typisch preußisch" wahrgenommen. Die mit diesem Preußen-Deutschland assoziierte Vorstellung eines hohen Aggressionspotentials des Reiches gegenüber seinen europäischen Nachbarn, vor allem eines nach Osten gerichteten Expansionsdrangs, haben schon nach dem Ersten Weltkrieg seitens der Ententemächte zu Überlegungen geführt, das noch keine fünfzig Jahre bestehende Deutsche Reich durch die Wiederherstellung eines deutschen Mehrstaatensystems quasi zu annullieren, d.h. zu der staatlichen Vielfalt Deutschlands vor der Reichsgründung zurück zu kehren und Preußen im gleichen Zuge aufzulösen[86]. Das derartige Pläne im Vertrag von Versailles dann doch nicht realisiert wurden, sondern die noch äußerst fragile Einheit des Deutschen Reichs der gerade errichteten Weimarer Republik im Kern erhalten blieb,

---

84 Vgl. Backer (1981), S. 27; Büsch (1980), S. 3–14; Krockow (1980), S. 16f.; ders. (1992), S. 130f.
85 Vgl. zu diesen im Folgenden verwendeten Begrifflichkeiten Röpke (1945), S. 136.
86 Vgl. Eschenburg (1985), S. 36; Gruner (1993), S. 176; Siedler (1991), S. 18; Zink (1957), S. 330.

beruhte in erster Linie auf der sich in Westeuropa nach der russischen Oktoberrevolution rapide ausbreitenden Furcht vor einer Bolschewisierung Europas, zu deren Abwehr ein machtpolitisch, militärisch und wirtschaftlich gezähmtes, potentiell aber starkes Deutschland als Bollwerk für den Westen gebraucht werden könnte[87].

Die in ihren Auswüchsen bisweilen irrationale – und eigene machtpolitische und ökonomische Interessen nur mühsam verbergende – „Fear of Prussia" beherrschte traditionell vor allem das angelsächsische Denken und erfuhr neue Schubkraft durch die nationalsozialistische Herrschaft in und über Deutschland[88]. Insbesondere in der britischen Vorstellung von Preußen-Deutschland wurden ostelbische Junker, rheinisch-westfälische Schwer- und Rüstungsindustrielle und die Generalität der deutschen Wehrmacht – nicht zu Unrecht – als Wegbereiter und entscheidende Stützen der nationalsozialistischen Herrschaft, zugleich aber völlig undifferenziert als vermeintlich rein preußisches Phänomen angesehen[89]. Die Überwindung des von diesen Machteliten getragenen Militarismus, Expansionismus und menschenverachtenden Rigorismus rückte deshalb in der Folge immer stärker in den Fokus der britischen Politik. Vor diesem Hintergrund befürwortete der „chief diplomatic advisor" der britischen Regierung Robert Vansittart schon Anfang 1940 anstelle einer Zerstückelung Deutschlands eine Aufteilung Preußens mit den Worten: „Don't break up Germany, break up Prussia, and do it good and proper."[90] Die schamlose und geschichtsverfälschende Instrumentalisierung und Verklärung Preußens durch das NS-Regime machte es den Alliierten allerdings auch leicht, die deutscherseits propagierte vermeintliche Traditions- und Kontinuitätslinie preußisch-deutscher Machtpolitik von Friedrich II.

---

87 Vgl. Clark (2007), S. 764; Gruner (1993), S. 177–191; Hildebrand (1980), S. 10–12; Siedler (1991), S. 18.
88 Vgl. Clark (2007), S. 761–765; Kohn (1962), S. 309; Parker (1987), S. 36f.
89 Der Einschätzung der Siegermächte, der Nationalsozialismus habe seine Wurzeln (ausschließlich) im Preußentum gehabt, widerspricht Mann dezidiert, wenn er feststellt, „das war höchstens zu einem Zehntel richtig – und zu gut neun Zehnteln falsch." Vgl. Mann (1968), S. 260f. Beide „Quantifizierungen" des preußischen „Schuldanteils" am deutschen Irrweg sind in ihrer erkennbaren absichtsvollen Einseitigkeit nicht haltbar.
90 Vgl. Kettenacker (1984), S. 145–168, insbesondere S. 151 u. 155f.; ders. (1989), S. 9 u. 38f.

bis zu Hitler bewusst und gezielt für eigene Zwecke aufzugreifen. Die von ihnen darauf hin durchgängig behauptete, historisch aber nicht haltbare Symbiose von Preußentum und Nationalsozialismus ließ Preußen in der alliierten Kriegsrhetorik und -propaganda in dialektischer Umkehrung zum alles bestimmenden Feindbild werden. Im Nationalsozialismus wurde so die perverse „letzte Ausgeburt" des über Jahrhunderte gewachsenen preußisch-militaristischen „Ungeistes" gesehen, der sich über das gesamte Deutschland gelegt habe, das deshalb vom „preußischen Bazillus" befreit werden müsse[91]. Die kurze, aber wirkungsmächtige Geschichte des demokratisch-republikanischen Preußens der Weimarer Republik wurde dabei von den Alliierten – auch hierbei dem NS-„Vorbild" folgend – wohl bewusst ausgeblendet[92].

Anders als das westeuropäische Preußen- und Deutschlandbild, dessen historische Wurzeln in der Abkehr der europäischen Zentralmacht von den westlichen Idealen des Universalismus, der Humanität und der Menschenrechte – und ganz konkret und jenseits aller Ideale in der aus britischer Sicht anmaßenden Herausforderung der „Pax Britannica" durch das Kaiserreich als einer neuen, potentiell imperialen Macht – zu sehen sind[93], war das russische und in der Folge sowjetische Preußenbild machtpolitisch seit dem 18. Jahrhundert zunächst durch einen Interessengleichklang mit Preußen im mittel-osteuropäischen Raum bestimmt, der in den drei polnischen Teilungen seinen spezifischen Ausdruck fand, die für lange Zeit die Herausbildung eines unabhängigen und stabilen polnischen Nationalstaats der Moderne untergrub[94]. Gesellschaftspolitisch prägten Preußen, Österreich und Russland im Zeichen der „Drei Schwarzen Adler" das konservative bis reaktionäre Kontinentaleuropa des 19. Jahrhunderts[95]. Russische Befürchtungen vor einem aus der historischen Erfahrung des 18./19. Jahrhunderts vorrangig mit Preußen in Verbindung gebrachten „deutschen Drangs nach

---

91 Vgl. Abusch (1947), S. 244–246; Clark (2007), S. 743–747; Kettenacker (1981), S. 319f.; ders. (1984), S. 151; Krockow (1981), S. 61f.; Lukács (1973), S. 37–83.
92 Vgl. Bracher (1981), S. 295–300; Clark (2007), S. 716–727; Kotokowski (1964), S. 1572–1584; Möller (1980), S. 232–234.
93 Vgl. Hildebrand (1980), S. 12f. u. 57–63; Kohn (1962), S. 308–314.
94 Vgl. Clark (2007), S. 274–284 u. 339–342; Runge (1977), S. 31–46; Schulze Wessel (2000), S. 745–754.
95 Vgl. Haffner (1978), S. 216–229.

Osten"[96] bildete sich erst in Folge des Friedens von Brest-Litowsk heraus. Durch diesen wurde der russische Machtbereich als Folge der militärischen Niederlage gegen das kaiserliche Deutschland nach Osten verschoben, was erst durch die „fünfte polnische Teilung" des Hitler-Stalin-Pakts von 1939 wieder rückgängig gemacht wurde, die machtpolitisch an die Tradition preußisch-russischer Beziehungen der vorangegangenen Jahrhunderte anknüpfte. Der Überfall des nationalsozialistischen Deutschen Reichs auf die Sowjetunion im Juni 1941 führte aber auch dort nahezu zwangsläufig zu der Überzeugung, im nationalsozialistischen Deutschland einen militärischen Aggressor zu sehen, der militärisch und anschließend politisch durch die Zerstörung seiner gesellschaftspolitischen Machtbasis aus dem kapitalistischen militärisch-industriellen Komplex und der reaktionären Junkerkaste nieder gezwungen werden müsse. Deutlicher als die Westmächte hat die Sowjetunion dabei – aus ihrem ganz anderen ideologischen Blickwinkel heraus – frühzeitig erkannt, dass Preußen faktisch längst zu einer historischen Größe geworden war und die Bedrohung vom *gesamten* Deutschland ausging, dessen gewaltiger militärisch-industrieller-agrarischer Komplex inzwischen sehr viel heterogenere als nur alt-preußische Wurzeln aufwies[97].

Wenngleich aus ganz unterschiedlichen Erwägungen und Interessen heraus war das aufgrund seiner extrem gegensätzlichen gesellschaftspolitischen Grundmuster unnatürliche und deshalb von vornherein zeitlich befristete Zweckbündnis der „Großen Allianz" einig in der Zielsetzung, Deutschland militärisch vollkommen besiegen zu wollen, das gesamte Deutsche Reich dauerhaft zu besetzen und den Nationalsozialismus auszurotten. Politisch sollten durch eine nachhaltige Schwächung des Deutschen Reichs die Voraussetzungen für eine langfristige Friedenssicherung im Rahmen einer neuen europäischen Gleichgewichtsordnung geschaffen werden, indem sichergestellt wird, dass von Deutschland nie wieder eine Bedrohung ausgehen kann. Um dieses Ziel zu erreichen, sollte Deutschland territorial weit über die Festlegungen des Versailler Vertrages hinaus beschnitten werden, das verbleibende Deutschland in mehrere souveräne Nachfolgestaaten aufgeteilt werden, seine Wirtschaftskraft entscheidend geschwächt und zugleich das als zerstörerisch angesehene Autarkiestreben überwunden sowie die Machtbasis aus

---

96 Vgl. Kettenacker (1989), S. 138; Schulze Wessel (1995), S. 357–364 u. 378f.
97 Vgl. Schulze Wessel (1995); S. 321–388.

militärisch-industriellem Komplex und reaktionärer Junkerklasse beseitigt werden[98].

Die Teilungspläne der Alliierten für das Nachkriegsdeutschland vermischten sich von Beginn an mit der Frage nach der künftigen Rolle Preußens im besiegten Deutschland, geprägt von einem vor allem seitens der Westmächte gezeichneten extrem negativen und klischeehaften Bild von Preußens tatsächlicher oder vermeintlicher Schlüsselstellung im Deutschen Reich[99]. Auf Seiten der Westmächte rückte dabei schon sehr früh die Überlegung in den Vordergrund, Preußen – obgleich es als deutscher Teilstaat überhaupt nicht Kriegsgegner der Alliierten war – in seine historischen Bestandteile aufzulösen. Auf diese Weise sollten die nach alliiertem Verständnis traditionell westlichen Vorstellungen und Idealen zugeneigten Muss-Preußen der westelbischen Regionen von der vermeintlichen Bevormundung und Verformung durch die geistig-politisch eher nach Osten hin orientierten ostelbischen Alt-Preußen durch Maßnahmen der „Reeducation" und „Demokratisierung" „befreit" werden, um anschließend gemeinsam mit den gleichfalls traditionell als liberal-demokratisch eingeschätzten Süd- und Südwestdeutschen ein neues, föderatives und friedfertiges Deutschland aufbauen zu können[100]. Diese Pläne fußten auf der – nicht unbegründeten – Annahme, dass die nicht-preußischen Deutschen „im Westen" vor dem Hintergrund des auch den Alliierten nicht verborgen gebliebenen tiefsitzenden Antiborussismus und der jahrelangen innerreichlichen Diskussionen über eine Zerschlagung Preußens in der Zeit der Weimarer Republik einer solchen Lösung wohlwollend, zumindest aber gleichgültig gegenüber stehen würden[101]. In Verbindung mit dem ebenfalls schon sehr früh deutlich hervortretendem – und von den Westmächten historisch und machtpolitisch

---

98 Vgl. Kettenacker (1981), S. 312–340; ders. (1984), S. 153f. u. 162f.; ders. (1989), S. 486–494; Thomas (1983), S. 297f.
99 Vgl. Mai (1995), S. 417; Hillgruber (1986), S. 61. Zu Preußen als Gegenstand der Beratungen der „Großen Allianz" auf den Konferenzen von Teheran, Jalta und Potsdam vgl. im Einzelnen Gornig (2000), S. 197–201, 207–211 u. 212–217.
100 Vgl. Gruner (1993), S. 205–207 u. 213f.; Hillgruber (1986), S. 67f.; Kettenacker (1985a), S. 38; ders. (1989), S. 136 u. 178; Schwarz (1980), S. 95.
101 Vgl. Brecht (1949), S. 126–157; Kettenacker (1981), S. 333; ders. (1984), S. 164f.; ders. (1989), S. 178–180 u. 490, Schulze Wessel (1995), S. 338.

aufgeschlossen unterstützten – vorrangigen Kriegsziel der Sowjetunion, die Ostgrenze des Deutschen Reichs erheblich nach Westen zu verschieben, liefen diese Absichten letztendlich auf eine vollständige Auflösung Preußens und damit auf dessen Eliminierung aus jeder Form staatlicher Neuformierung des besiegten Deutschland hinaus.

3.2 Die Auflösung Preußens als „ultima ratio" der alliierten Teilungspläne für Deutschland

Der Überfall der deutschen Wehrmacht auf Polen am 1. September 1939 – der die britische Kriegserklärung zur Folge hatte – sowie die Eroberung und Besetzung Frankreichs im Frühjahr 1940 markieren die wichtigsten Etappen in der ersten Phase des vom nationalsozialistischen Deutschen Reich ausgelösten Zweiten Weltkriegs, der bis dahin seinem Wesen nach ein rein europäischer Krieg war[102]. Eine entscheidende Wende im Sinne einer weit über Europa hinaus reichenden Internationalisierung erhielt der Zweite Weltkrieg durch den am 22. Juni 1941 beginnenden Überfall auf die Sowjetunion. Diese Ausweitung des Krieges war der Auslöser für die Formierung einer breiten Anti-Hitler-Koalition, deren inneren Zirkel bis Kriegsende und noch darüber hinaus die Mächte der „Großen Allianz" aus Großbritannien, den Vereinigten Staaten von Amerika und der Sowjetunion bildeten[103]. Dieses Bündnis zwischen den kapitalistischen Führungsmächten USA und Großbritannien einerseits und der sozialistischen Vormacht Sowjetunion andererseits war von Beginn an ein reines Zweckbündnis einer deshalb auch so genannten „Strange Alliance"[104] mit dem einzigen, die Allianzmächte aber moralisch legitimierenden und für die Dauer des Krieges einigenden Ziel, das schon durch die Atlantik-Charta vorgegeben worden war: „The final

---

102 Vgl. Hillgruber (1989), S. 26–42. Diese Lesart ist allerdings rein eurozentrisch geprägt. Im asiatisch-pazifischen Raum hatten die kriegerischen Auseinandersetzungen schon früher begonnen und dauerten über die deutsche Kapitulation vom 8. Mai 1945 hinaus an.
103 Entscheidende Schritte auf dem Weg dorthin waren die Proklamation der Atlantik-Charta durch Roosevelt und Churchill vom 14. August 1941 und der seitens der USA unterstützte britisch-sowjetische Bündnisvertrag vom 26. Mai 1942. Vgl. Benz (1986), S. 26; Deuerlein (1957), S. 22f.; Hillgruber (1989), S. 43–67 u. 68–87; Kettenacker (1989), S. 102–129.
104 Vgl. Hillgruber (1987), S. 11; ders. (1989), S. 124.

destruction of the Nazi-Tyranny"[105]. Die Zerstörung des nationalsozialistischen Deutschlands hatte in beiden Lagern der Alliierten bis zum Kriegsende als das „schlimmere Übel" absoluten Vorrang vor der sich schon frühzeitig abzeichnenden machtpolitischen, ideologischen und sozioökonomischen Auseinandersetzung mit dem jeweiligen „Klassenfeind" nach dem Sieg über das Deutsche Reich[106]. Das Ziel einer völligen militärischen Niederlage und anschließenden vollständigen Entmilitarisierung Deutschlands, einer rigorosen Teilung des Reiches sowie der Beseitigung der politischen, ökonomischen, territorialen und soziokulturellen Machtbasis seiner „Eliten" wurde damit zur einzigen, aber umfassenden und wirkungsmächtigen Konstante alliierter Kriegszielplanung[107]. Die Entschlossenheit, dieses Ziel zu erreichen, wurde schon anlässlich des Treffens zwischen Roosevelt und Churchill in Casablanca vom 14. bis 26. Januar 1943 durch die – insbesondere auf Drängen der USA erhobene – Forderung nach einer „bedingungslosen Kapitulation"[108] des Deutschen Reichs untermauert. Damit sollte sichergestellt werden, dass sich die – vor allem aus westlicher Sicht so wahrgenommenen – „Fehler aus Versailles" einer viel zu nachsichtigen Behandlung des besiegten Deutschland nicht wiederholen und neuen deutschen Legendenbildungen wie die vom „Dolchstoß" und vom „im Felde unbesiegten Heer" von vorn herein der Boden entzogen wird[109]. Um das übergeordnete Ziel einer umfassenden und nachhaltigen Schwächung Deutschlands durchsetzen zu können, musste nach übereinstimmender Auffassung der „Großen Allianz" das besiegte Reich nicht nur dauerhaft militärisch besetzt, sondern darüber hinaus auch in einer noch zu vereinbarenden Weise geteilt werden. Diese Teilungsabsichten sahen schon im Frühstadium der Diskussionen erhebliche Gebietsabtretungen preußischer Provinzen im deutschen Osten vor, wobei

---

105 Vgl. Kettenacker (1989), S. 102.
106 Vgl. Kettenacker (1989), S. 105; Meinecke (1965), S. 128.
107 Vgl. Churchill (1953), S. 33 u. 47; Kettenacker (1981), S. 316f.; Schwarz (1980), S. 92–97.
108 Vgl. Benz (1986), S. 29f.; Deuerlein (1957), S. 29–31; Kettenacker (1989), S. 145 u. 180–192.
109 Vgl. Backer (1981), S. 20; Benz (1986), S. 30; Gruner (1993), S. 204f.; Kettenacker (1987), S. 14f.; Meinecke (1965), S. 51f.; Moltmann (1980), S. 233f.; Tyrell (1987), S. 50f.

der deutsche Überfall auf Polen den Alliierten als Legitimationsgrundlage für eine neue Lösung der polnischen Frage sehr zu statten kam[110].

Erste Überlegungen zur Teilung Deutschlands[111] in mehrere voneinander unabhängige Staaten hatte Stalin bereits anlässlich der Unterzeichnung des britisch-sowjetischen Bündnisvertrages angestellt, ebenso wie Roosevelt und Churchill auf ihrer bilateralen Quebec-Konferenz im August 1943 und die Außenminister der „Großen Allianz" auf ihrem Moskauer Treffen im Oktober 1943[112]. Ausführlicher wurde die Teilungsfrage – neben vielen anderen, für die Alliierten zu diesem Zeitpunkt absolut vorrangigen kriegswichtigen Themen – dann auf der ersten Kriegskonferenz in Teheran vom 28. November bis zum 1. Dezember 1943 zwischen Roosevelt, Stalin und Churchill als den „Großen Drei" Staatsmännern der Allianz erörtert. Im Rahmen der verschiedenen, vor dem Hintergrund einer seitens aller Beteiligten bis Kriegsende sorgsam betriebenen „policy of postponement" zu sehenden „seltsam unausgegoren anmutenden Plänen"[113] Roosevelts zur Aufteilung Nachkriegsdeutschlands in fünf selbständige Nachfolgestaaten eines sogenannten „Teheran-Deutschland" sowie Churchills zur Wiederbelebung einer neuen Donau-Föderation aus Österreich und den süddeutschen Ländern wurde allerdings schon in diesem frühen Stadium immer auch die Rolle Preußens in einem künftig geteilten Deutschland thematisiert[114]. Während der

---

110 Vgl. Benz (1986), S. 27f.; Churchill (1953), S. 49f. u. 87–91; Hillgruber (1986), S. 55–61; Kettenacker (1989), S. 446–468; Runge (1977), S. 45; Vierheller (1970), S. 94–108.
111 Auffallend ist in diesem Kontext der Unterschied in den seitens der USA und Großbritanniens verwendeten Begrifflichkeiten. Während die USA in einer rein sachlichen Diktion immer von „partition" (Teilung/Aufteilung) sprechen, greifen die britischen Dokumente durchweg auf den auch kriegsrhetorisch eingefärbten Begriff des „dismemberment" (Auflösung/Zerstörung) zurück. Vgl. Kettenacker (1989), S. 176f.
112 Vgl. Benz (1986), S. 28f.; Deuerlein (1957), S. 35; Hillgruber (1989), S. 122–125; Kettenacker (1989), S. 102–106.
113 Vgl. Kettenacker (1984), S. 163; ders. (1989), S. 234–236 u. 48; Schwarz (1980), S. 105–119.
114 Vgl. Benz (1986), S. 28, 32 u. 34f.; Churchill (1953), S. 48; Deuerlein (1957), S. 36–44; Schulze Wessel (1995), S. 340f. sowie insbesondere den grundlegenden Aufsatz zu diesem Teilaspekt alliierter Kriegszielplanung von Kettenacker (1981).

Roosevelt-Plan einer Fünf-Staaten-Lösung noch ein stark verkleinertes, vom übrigen Deutschland isoliertes und dadurch nicht mehr hegemonial über das ganze Deutschland herrschendes Rest-oder Kern-Preußen vorsah, erkannte Churchill schon in Teheran in Preußen „die (historische) Wurzel allen (deutschen) Übels, das es zu eliminieren galt[115]. Stalin hielt sich gegenüber derartigen Teilungsplänen für Deutschland bereits in Teheran auffallend bedeckt, betrachtete alle Überlegungen zur künftigen Behandlung Deutschlands als „sehr vorläufig" und konstatierte überdies – in einem auffälligen Gegensatz zu Churchill, aber in Übereinstimmung mit dem britischen Foreign Office und US-Präsident Roosevelt, dass eine Deprussifizierung Deutschlands keinen ausreichenden Schutz vor einer neuerlichen *deutschen* Aggression biete, weil *alle* Deutschen unabhängig von ihrer landsmannschaftlichen oder stammesgeschichtlichen Herkunft vom NS-Virus und seinen aggressiven Symptomen erfasst seien. Sogar die Bayern seien wie die Preußen und der Nationalsozialismus mithin ein gesamtdeutsches Phänomen, das deshalb nicht auf ein preußisches Problem reduziert werden dürfe[116].

Um die seitens aller Alliierten zu diesem Zeitpunkt noch beabsichtigte einheitliche Behandlung des besiegten (und zu teilenden) Deutschland institutionell weiter zu präzisieren und vorzubereiten war bereits im Vorfeld der Teheraner Konferenz auf der Moskauer Außenministerkonferenz vom 19.-30. Oktober 1943 die Einrichtung der „European Advisory Commission" (EAC) beschlossen worden[117]. Im EAC verständigten sich die Alliierten – neben dem im Juli 1944 als Entwurf vorgelegten Text der Kapitulationsurkunde – am 12. September 1944 auf das so genannte Zonenprotokoll und am 14. November 1944 auf die Modalitäten zur Errichtung eines Kontrollapparats für das besiegte Nachkriegsdeutschland[118]. Das in

---

115 Vgl. Clark (2007), S. 764f.; Churchill (1953), S. 95; Kettenacker (1981), S. 323f.; ders. (1989), S. 220; Thomas (1983), S. 296f.
116 Vgl. Backer (1981), S. 23-32; Churchill (1953), S. 95-98 u. 101; Kettenacker (1989), S. 220; Schulze Wessel (1995), S. 340f.; ders. (1995a), S. 277.
117 Vgl. zur Geschichte und Bedeutung der EAC für die Genese der Teilungsfrage Deuerlein (1957), S. 35f. u. 51-61; Eschenburg (1985), S. 39-42; Hillgruber (1989), S. 126f.; Kettenacker (1985), S. 238-250; Meissner (1977), S. 43-57.
118 Vgl. hierzu und zu den folgenden Ausführungen Benz (1986), S. 35-37; Clay (1950), S. 13-15; Mai (1995), S. 21-26; Hillgruber (1989), S. 14, 126-128 u. 138; Kettenacker (1989), S. 270-302; Zink (1957), S. 21-23.

der Literatur in seiner weitreichenden Bedeutung für die künftige politische Gestaltung Deutschlands lange Zeit nicht gebührend beachtete Zonenprotokoll war bereits preußenpolitisch motiviert, weil die darin vorgesehene Einrichtung von Besatzungszonen faktisch auf die Teilung Preußens als einziger der „historischen Landschaften" des Deutschen Reichs hinaus lief[119]. Das Protokoll war vor allem auf Druck des britischen Militärs zustande gekommen, das zu diesem Zeitpunkt längst von der künftigen Konfrontation mit der Sowjetunion in und um Deutschland überzeugt war. Mit der frühzeitigen Zonenfestlegung sollte verhindert werden, dass die unaufhaltsam vorrückende „Rote Armee" sich über die Elbe hinaus im Westen Deutschlands fest setzt[120]. Das Zonenprotokoll stellte damit – wenn auch zum Zeitpunkt seiner Ratifizierung im EAC dort wohl unbeabsichtigt, zumindest aber unerkannt – die entscheidenden Weichen für die späteren Gebietsabtrennungen im Osten und die Spaltung Deutschlands sowie für die Auflösung Preußens als Voraussetzung für diese Entwicklungen[121,122]. In Verbindung mit dem in der Vereinbarung über den Kontrollapparat – aus dem nach Kriegsende der Alliierte Kontrollrat hervorging – festgelegten Primat der Zonenautonomie der jeweiligen Zonengouverneure und der nur einstimmig zu treffenden Entscheidungen für „Deutschland als Ganzes" wurde das Zonenprotokoll so zur „Geburtsurkunde der deutschen Teilung"[123], welche der territorialen „Eingrenzung" und der Spaltung Deutschlands durch die Auflösung Preußens im Namen der rhetorisch weiterhin von allen Seiten beschworenen Einheit den Weg ebnete[124].

---

119 Vgl. Schulze Wessel (1995), S. 344.
120 Vgl. Kettenacker (1981), S. 330f.; ders. (1989), S. 479–486.
121 Vgl. Backer (1981), S. 32; Benz (2009), S. 61; Eschenburg (1985), S. 39–42 u. 49; Kettenacker (1984), S. 163, Fn. 64; ders. (1985a), S. 42; ders. (1987), S. 28; ders. (1989), S. 16f. u. 270–302.
122 Zur Entstehungsgeschichte des Zonenprotokolls von der Vorlage des britischen Zonenplans am 11. Oktober 1943 bis zur endgültigen Inkraftsetzung (einschließlich einer französischen Zone) am 26. Juli 1945 vgl. Mai (1995), S. 19–28; Meissner (1977), S. 49–53; Kettenacker (1989), S. 270–302 und die ausführliche Darstellung im Buch von Sharp (1975).
123 Vgl. Benz (1986), S. 70; ders. (2009), S. 57; Mai (1995), S. 3; Hillgruber (1987), S. 14; Kettenacker (1987), S. 28; Schwarz (1980), S. 96f. u. 108.
124 Vgl. Mai (1995), S. 1; Kettenacker (1989), S. 272; Zink (1957), S. 21–23.

Auf der Konferenz von Jalta vom 4.-11. Februar 1945 bestätigten die „Großen Drei" die geplante Zoneneinteilung Deutschlands „in den Grenzen von 1937", nachdem auch die Sowjetunion ihr am 15. Januar 1945 zugestimmt hatte[125]. Im Vorfeld der Jalta-Konferenz war aber – insbesondere britischerseits – die Auflösung Preußens bereits als Alternative zur Teilung Deutschlands in den Mittelpunkt der Überlegungen gerückt[126]. Hatte sich das Foreign Office schon in seiner ersten Kabinettsvorlage zur politischen Zukunft Deutschlands vom 8. März 1943 („The Future of Germany") strikt gegen eine rigorose Teilung Deutschlands und stattdessen für eine weitgehend föderalistische Lösung ausgesprochen[127], so stellte eine Alternativstudie vom 5. August 1943 („The dismemberment of Germany") endgültig die Weichen für ein Memorandum vom 27. November 1944, das unter der programmatischen Überschrift „Confederation, Federation and Decentralisation of Germany *and Dismemberment of Prussia*" erstmals die künftige Organisationsform deutscher Staatlichkeit zwischen den Polen Staatenbund, Bundesstaat und Dezentralisierung in einen unauflöslichen Zusammenhang mit der Zerschlagung Preußens rückte[128]. Diese wurde immer deutlicher zum eigentlichen Kriegsziel erhoben und jetzt als unabdingbare Voraussetzung für die staatliche Neuorganisation des ganzen Deutschlands angesehen. Nur eine vollständige Entpreußung bot demnach die Gewähr dafür, Deutschland nachhaltig zu schwächen sowie die geistes- und sozialgeschichtlichen Ursachen des „deutschen Übels" zu beseitigen: Geopolitisch durch die Amputation der preußischen Kernlande im Osten und gesellschaftspolitisch durch die „Umerziehung" der Deutschen westlich der Oder-Neiße-Linie[129].

---

125 Vgl. Deuerlein (1957), S. 61–76. Auf der Jalta-Konferenz wurde auch beschlossen, Frankreich als vierte Macht an der Besatzungsherrschaft über Deutschland zu beteiligen und zu diesem Zwecke eine eigene Besatzungszone einzuräumen. Vgl. Benz (1986), S. 42–44.
126 Vgl. Clark (2007), S. 764f.; Krieger (1987), S. 42–46 u. 46–53.
127 Vgl. Kettenacker (1981), S. 327; ders. (1989), S. 161–180.
128 Vgl. Mai (1995), S. 416; Kettenacker (1981), S. 332f.
129 Vgl. Mai (1995), S. 415f.; Hillgruber (1986), S. 67f. Die USA haben den Zusammenhang zwischen deutscher Teilung und der Auflösung Preußens nie so klar hergestellt wie Großbritannien, haben die britische Linie aber immer mitgetragen.

Aus ganz anderen Gründen und mit einer gänzlich anderen Zielsetzung verbunden hatte sich seit 1941 unter dem Eindruck der nationalsozialistischen Gewalt- und Eroberungspolitik auch im sowjetischen Außenministerium eine starke Strömung herausgebildet, die das Ziel verfolgte, das seit dem 18. Jahrhundert im Zeichen einer „negativen Polenpolitik" bestehende mächtepolitische Bündnis Preußens bzw. Preußen-Deutschlands mit Russland bzw. der Sowjetunion zu Lasten Polens in ein System negativer Politik gegenüber (Preußen-)Deutschland umzukehren. Zu diesem Zwecke sollte Preußen als Staat aufgelöst, seine östlichen Provinzen zu Gunsten Polens abgetrennt und dieser Prozess durch eine rigorose Zwangsumsiedlungspolitik unwiderruflich gestaltet werden. Zugleich sollte damit auch die erneute Westverschiebung der russischen Grenze durch den Hitler-Stalin-Pakt sanktioniert und Polen zum Bestandteil sowjetischer Vorfeldpolitik in der Nachkriegsära werden[130].

Mit diesen ganz unterschiedlich motivierten Alternativstrategien zur Auflösung Preußens konnten die Alliierten vordergründig an ihrer immer reklamierten gemeinsamen Verantwortung für ganz Deutschland festhalten und trotzdem gleichzeitig die territoriale Reduzierung sowie die staatliche Neuordnung des Landes verfolgen. An die Stelle einer Teilung des Reiches, die von den Deutschen mit Sicherheit als destruktiv empfunden worden wäre, trat die Auflösung Preußens als eine – aus alliierter Sicht – konstruktive Lösung[131].

Nachdem auch Stalin in seiner Siegerproklamation vom 9. Mai 1945 verkündet hatte, dass die Sowjetunion nicht (mehr) beabsichtige, Deutschland zu teilen oder zu zerstören[132], gaben die Alliierten auf der Potsdamer Konferenz vom 17. Juli – 2. August 1945 die jahrelang im Zeichen ihrer Politik des bewussten „postponement"[133] *theoretisch* erörterten Teilungspläne für Deutschland aus ihren unterschiedlichen Interessenlagen

---

130 Vgl. Schulze Wessel (1995), S. 331–344 u. 344–347; ders. (1995a), S. 271–278; Zernack (1982), S. 136f.
131 Vgl. Gruner (1993), S. 213f.; Hillgruber (1987), S. 15–17; ders. (1989), S. 147; Kettenacker (1981), S. 332–334; ders. (1984), S. 164; ders. (1989), S. 176f., insbesondere Fn.109 u. S. 489–491.
132 Vgl. Kettenacker (1981), S. 334; Schulze Wessel (1995), S. 347.
133 Vgl. Kettenacker (1984), S. 163; ders. (1989), S. 489; Schwarz (1980), S. 105–119.

heraus auf[134]. Stattdessen begann – bei gleichzeitig einsetzender intensiver Einheitsrhetorik seitens aller Siegermächte – die *tatsächliche* Aufteilung Deutschlands in die Herrschaftsbereiche und Interessensphären der Besatzungsmächte[135], in deren Fokus die Auflösung Preußens in seine historischen Bestandteile rückte[136].

Die „erste preußische Teilung" wurde bereits auf der Potsdamer Konferenz vollzogen, auf der die – auf Druck der Sowjetunion und der polnischen Exilregierungen schon seit Errichtung der „Großen Allianz" in immer neuen und immer weiter westwärts ausgreifenden Varianten thematisierte – Westverschiebung Polens im Ergebnis dieser Diskussionen bis hin zur Linie der Oder und der westlichen Neiße auch seitens der Westmächte *faktisch* sanktioniert wurde. Vorgezeichnet war dieser Schritt schon dadurch, dass die Sowjetunion und das Lubliner Komitee sich in einem Geheimvertrag vom 27. Juli 1944 über die Regelung der polnisch-sowjetischen Grenzfragen zu Lasten Preußens und Deutschlands geeinigt hatten. Die beabsichtigte Abtrennung der preußischen Ostprovinzen war dadurch zur Grundlage der künftigen polnisch-sowjetischen Beziehungen im Zeichen einer gemeinsamen negativen Preußenpolitik geworden und aus sowjetischer Sicht damit zugleich die Vorentscheidung für die spätere vollständige Auflösung Preußens getroffen worden[137]. In dem durch das Potsdamer Abkommen vom

---

134 Zum Ablauf und zu den Ergebnissen der Potsdamer Konferenz vgl. im Einzelnen Benz (1986), S. 44f. u. 81–119; ders. (2009), S. 50–53; Mee (1995), S. 236–248, King (1997), S. 393–402.
135 Vgl. Backer (1981), S. 128; Kettenacker (1989), S. 502., S. 502; Krieger (1987), S. 95–97; Mee (1995), S. 247f.; Schwarz (1980), S. 35–294.
136 Vgl. Kettenacker (1989), S. 489.
137 Vgl. Schulze Wessel (1995), S. 344–347, 378f. u. 383. Meissner spricht in diesem Zusammenhang von der „ersten Teilung Deutschlands". Da die abgetrennten Gebiete aber ausschließlich die preußischen Ostprovinzen betrafen, ist darin zugleich auch die „erste preußische Teilung" zu sehen. Vgl. Meissner (1977), S. 48 sowie Deuerlein (1957), S. 92–100; Hillgruber (1987), S. 8f.; Kettenacker (1989), S. 468–478; Unger (2000), S. 273. Die im Folgenden verwendeten Begriffe von der ersten und der zweiten preußischen Teilung beziehen sich auf die Entwicklungen nach dem Zweiten Weltkrieg, in denen sich Preußen in einer ähnlichen Lage befand wie Polen zwischen 1795 und 1918. Vgl. Schoeps (1981), S. 299. Von einer „gleichsam … ersten Teilung Preußens" spricht Zernack schon im Zusammenhang mit den vergleichsweise geringen preußischen Gebietsabtrennungen an das 1918/19 wiederhergestellte

2. August 1945 die ausschließlich preußischen Gebiete östlich dieser Linie „vorläufig", d.h. bis zur endgültigen Bestätigung durch einen Friedensvertrag, unter polnische bzw. bezüglich des nördlichen Ostpreußen sowjetische Verwaltung gestellt wurden, waren diese unumkehrbar aus dem Deutschen Reich herausgelöst worden[138], dass dadurch als „Potsdam-Deutschland" auf ein Rest- oder Rumpf-Deutschland schrumpfte[139,140,141].

In Potsdam-Deutschland exekutierten alle Zonenmächte in ihren jeweiligen Besatzungszonen in den Jahren 1945 und 1946 zielstrebig und konsequent die „zweite preußische Teilung", in dem sie alle preußischen Provinzen westlich der Oder-Neiße-Linie in neu gegründete Länder umwandelten bzw. integrierten, ohne dabei auf die traditionellen Grenzziehungen zwischen den alten preußischen Provinzen nennenswert Rücksicht

---

Polen. Vgl. Zernack (1982), S. 136. Zum unauflöslichen Zusammenhang der „polnischen Frage" mit der „deutschen Frage" vgl. die grundlegende Arbeit von Vierheller (1970) sowie Zernack (1981), S. 51–63.

138 Die Endgültigkeit dieses Beschlusses – und damit zugleich der rein förmliche Charakter des Friedensvertragsvorbehalts – wurden seitdem vor allem seitens der Sowjetunion immer wieder betont, die die polnische Westverschiebung keineswegs als Entschädigung für territoriale Verluste Polens im Osten als Konsequenz des Hitler-Stalin-Pakts betrachtete, sondern als (historisch fragwürdige) Rückkehr Polens in die alten piastischen Territorien als den geographischen Wurzeln des polnischen Staats. Vgl. Deuerlein (1957), S. 288f.; Fischer (1987), S. 86f.; Runge (1977), S. 32f.

139 Vgl. Art. VI. u. IX. des Potsdamer Abkommens bei Benz (1990), S. 194f. sowie Vierheller (1970), S. 123–126.

140 Untermauert wurde diese Schaffung vollendeter Tatsachen noch dadurch, dass die ehemaligen preußischen Provinzen östlich der Oder-Neiße-Linie aus der im Zonenprotokoll festgelegten sowjetischen Besatzungszone herausgelöst wurden und damit auch nicht mehr der gemeinsamen Kontrolle der Siegermächte für „Deutschland als Ganzes" unterlagen. Vgl. Eschenburg (1985), S. 45.

141 Immer unstrittig war zwischen den Alliierten überdies, dass die 1938 dem Deutschen Reich einverleibten sudetendeutsche Gebiete wieder an die Tschechoslowakei zurückfielen und das dem Deutschen Reich „angeschlossene" Österreich wieder zu einer selbständigen Republik werden sollte. Vgl. Deuerlein (1957), S. 217; Kettenacker (1981), S. 322.

zu nehmen[142,143]. Ein erster Ansatz, diese einschneidenden, einseitigen und deshalb im strengen Sinne völkerrechtswidrigen Gebietsabtrennungen und -auflösungen rechtlich zu legitimieren ging – angesichts des traditionellen britischen Rechtsverständnisses nicht überraschend – vom britischen Zonengouverneur im Alliierten Kontrollrat aus. Am 12. Juni 1946 unterbreitete der Vertreter Großbritanniens im Koordinationskomitee des Kontrollrats einen Entwurf zur Auflösung Preußens „zusammen mit seiner Zentralregierung und Verwaltung". Begründet wurde dieser Antrag in einem Memorandum vom 8. August 1946 nicht nur mit der Bedrohung der Sicherheit Europas durch Preußen in den zurückliegenden zweihundert Jahren, sondern auch damit, dass ein Fortbestand des preußischen Staates – „und sei es nur in Gestalt seines Namens" – erneut zum Ausgangspunkt revanchistischer und irredentistischer Bestrebungen des deutschen Volkes werden könnte[144]. Damit sollte vordergründig zunächst (nur) die Gründung des Landes Nordrhein-Westfalen rechtlich legitimiert werden, die – ohne dass im Kontrollrat zu diesem Zeitpunkt über den britischen Entwurf eine Einigung erzielt werden konnte – durch den britischen Befehl Nr. 46 vom 23. August 1946 vollzogen worden war. Zugleich wehrte Großbritannien damit aber auch alle Ansprüche Frankreichs auf die schon in Versailles vergeblich versuchte Schaffung eines unabhängigen Rheinstaates sowie die von Frankreich und der Sowjetunion geforderte Internationalisierung des Ruhrgebiets ab und stellte mit der Errichtung des ökonomisch starken

---

142 Am stärksten waren hiervon die preußischen Provinzen in der Britischen Besatzungszone betroffen. Vgl. hierzu im Einzelnen Benz (1986), S. 119–125; ders. (2009), S. 60–68; Gornig (2000), S. 228–234.

143 Auffällig ist in diesem Zusammenhang, dass die preußischen Provinzen Brandenburg und Sachsen in der sowjetischen Besatzungszone zunächst noch ihren Status als Provinzen behielten und erst am 21. Juli 1947, also *nach* der Verkündung des Kontrollratsgesetzes Nr. 46 in Länder umgewandelt wurden, was ein Hinweis darauf ist, dass die Sowjetunion zu diesem Zeitpunkt noch am ehesten zögerte, Preußen ganz aufzulösen. Vgl. Benz (1990), S. 16; ders. (2009), S. 61; Mai (1995), S. 426 und zu den Gründen für diese zögerliche Haltung Schulze Wessel (1995), S. 348–350.

144 Vgl. Clark (2007), S. 742; Mai (1995), S. 418; Schulze Wessel (1995), S. 349.

Weststaats innerhalb der Britischen Zone entscheidende Weichen für die spätere Gründung der Bundesrepublik Deutschland[145].

In den Jahren 1945 bis 1947 fanden eine Reihe von Treffen des auf der Potsdamer Konferenz eingesetzten Rats der Außenminister statt[146], auf denen die deutsche Teilungsfrage wiederholt Gegenstand der Beratungen war. Dabei rückte im Zeichen der jetzt mit aller Schärfe hervor tretenden machtpolitischen und ideologischen Gegensätze der Siegermächte im heraufziehenden Ost-West-Konflikt des „Kalten Kriegs" an die Stelle des gemeinsamen Kampfes der Kriegskoalition *gegen* Deutschland zusehends der Kampf der Koalitionspartner *um* Deutschland, durch den die „deutsche Frage" zu einer Funktion des aufbrechenden Ost-West-Gegensatzes der Nachkriegsära wurde[147]. Begleitet wurde dieser fundamentale Paradigmen- und Strategiewechsel von einer betonten Einheits- und Friedensvertragsrhetorik, mit der beide Machtblöcke versuchten, einerseits das Wohlwollen der Deutschen und deren Unterstützung für die Verfolgung ihrer jeweiligen Zielsetzungen zu gewinnen und andererseits die Verantwortung für die sich abzeichnende Spaltung Potsdam-Deutschlands in zwei Interessensphären der jeweils anderen Seite zuzuweisen[148]. Auf dem New Yorker Treffen des Rats der Außenminister erteilten diese den Militärgouverneuren des Alliierten Kontrollrats den Auftrag, zur Vorbereitung des für den März/April 1947 terminierten Folgetreffens in Moskau einen zusammenfassenden Bericht über alle wesentlichen Aspekte der bisherigen Kontrollratsarbeit zu erstellen[149]. Auf Antrag des sowjetischen Außenministers Molotow vom

---

145 Vgl. Blank (1995), S. 209–211; Mai (1995), S. 417f.; Schwarz (1980), S. 434–436. Zur Haltung Frankreichs und dessen ohnmächtiger Rolle bezüglich der deutschen Teilungsfrage und der Auflösung Preußens vgl. Mai (1995), S. 416f. u. 419–422; Weisenfeld (1986).
146 Die Tagungsorte und -termine waren: London (11.9.-2.10.1945), Moskau (16.-26.12.1945), Paris (25.4.-15.5. und 15.6.-12.7.1946), New York (4.11.-11.12. 1946), Moskau (10.3.-24.4.1947). Vgl. zu den Konferenzinhalten Deuerlein (1957), S. 110–129; Foschepoth (1985a), S. 65–85; Gornig (2000), S. 227f.; Krieger (1987), S. 157–159 u. 225–245; Schwarz (1980), S. 108–120.
147 Vgl. Schwarz (1980), S. 13.
148 Vgl. Backer (1981), S. 143–162); Fischer (1987), S. 92–95); Hillgruber (1987a), S. 10; Krieger (1987), S. 86–90; King (1997), S. 393–402.; Mai (1995), S. 3f., 73–117 u. 149–172.; Moltmann (1980), S. 236–243.
149 Vgl. Clay (1950), S. 141.

7. Dezember 1946 wurde dieser zunächst zehn Sektionen umfassende Bericht um den Punkt „Auflösung Preußens" erweitert[150]. Der am 24. Februar 1947 fertiggestellte Kontrollratsbericht bekräftigte in den Sektionen „VIII. Territoriale Neuordnung Deutschlands" und „IX. Auflösung Preußens" endgültig den unauflöslichen Zusammenhang zwischen *den* beiden Aspekten der deutschen Teilungsfrage, die schon im britischen Memorandum vom 27. November 1944 hervor gehoben worden waren, jetzt aber – nachdem am 20. Februar 1947 auch die Sowjetunion nach längerem Zögern der Auflösung Preußens zugestimmt hatte – die einhellig und einstimmig festgestellte Haltung aller Alliierten in einer Sprache dokumentierten, „die noch einmal die Gemeinsamkeit alliierter Kriegsziele anklingen ließ"[151]. Nach der abschließenden Billigung des Kontrollratsberichts durch die alliierten Militärgouverneure am 25. Februar 1947 wurde das Kontrollratsgesetz Nr. 46 zur Auflösung des Staates Preußen am gleichen Tage veröffentlicht und in Kraft gesetzt, wovon der Rat der Außenminister auf seiner Moskauer Konferenz im März/April 1947 ohne weitere Beratung hierüber zustimmend Kenntnis nahm. Die Moskauer Konferenz markiert damit den entscheidenden Meilenstein auf dem Wege der unumkehrbaren territorialen Eingrenzung und anschließenden Spaltung Deutschlands als logischer Vollendung des durch die Potsdamer Beschlüsse im Osten eingeleiteten Prozesses der Teilung Preußens[152].

Vor dem Hintergrund der diesen Weichenstellungen vorangegangenen und der nachfolgenden Entwicklungen deutscher Nachkriegsgeschichte war

---

150 Vgl. Clay (1950), S. 141; Mai (1995), S. 400f. u. 419; Schulze Wessel (1995), S. 350.
151 Kettenacker (1981), S. 334. Vgl. auch Gruner (1993), S. 109; Mai (1995), S. 401 u. 419. Der Grund für die zögerliche Haltung der Sowjetunion beruhte auf deren lange Zeit gehegten Hoffnung, Preußen könnte – im Sinne einer wieder belebten preußisch-russischen Allianz in der Tradition des 18. und 19. Jahrhunderts – unter sowjetischer Hegemonie und im Sinne einer alternativen „preußischen Konzeption" sowjetischer Vorfeldpolitik (wieder) der Kern und die Klammer eines vereinigten deutschen Zentralstaats werden. Diese Option war 1947 durch die immer konkreter werdende Spaltung Deutschlands endgültig gegenstandslos geworden. Vgl. Clark (2007), S. 766f.; Schulze Wessel (1995), S. 348–350.
152 Vgl. Backer (1981), S. 143–162; Foschepoth (1985a), S. 77; Gornig (2000), S. 258–262; Schulze Wessel (1995), S. 347–350 u. 383.

es kein Zufall, dass die einvernehmliche Beschlussfassung der Alliierten über die förmliche Auflösung Preußens als Mittel zum Zweck der sich herausbildenden Spaltung Deutschlands und der Integration der „beiden Deutschlands" in ihre jeweiligen Interessensphären der letzte politisch bedeutsame Akt des Kontrollrats war, ehe dieser am 20. April 1948 im Zeichen des entscheidenden weltpolitischen Umbruchs des Jahres 1947 an seiner immer deutlicher zu Tage tretenden Handlungs- und Entscheidungsunfähigkeit endgültig scheiterte[153]. Mit der auf der Moskauer Außenministerkonferenz abschließend bestätigten vollständigen „Entprussifizierung" Deutschlands ebnete das Kontrollratsgesetz Nr. 46 den Weg von der spätestens zu diesem Zeitpunkt gescheiterten Kontrolle der Alliierten über „Deutschland als Ganzes" zu dessen „kontrollierter Spaltung und damit zu einer Legitimierung der Teilung Deutschlands im Namen der Einheit"[154].

3.3 Die Wirkungen des Kontrollratsgesetzes Nr. 46 auf die deutsche Nachkriegsgeschichte

Die Verabschiedung und Inkraftsetzung des Kontrollratsgesetzes Nr. 46 durch den Alliierten Kontrollrat war nicht – wie es die zahllosen deutschen Nachrufe auf Preußens Untergang nahelegen – ein zufälliges oder eher beiläufiges Ereignis[155], sondern ein lange vorbereiteter und seit Ende 1944 immer konkreter werdender Schritt der Alliierten im Zuge ihrer Nachkriegsplanungen für Deutschland[156]. Es führt eine direkte Linie von den Kriegskonferenzen der „Großen Drei" und hier insbesondere der durch Churchill personifizierten – und nur aus seiner spezifisch britisch-imperialen „Sozialisation" im späten 19. Jahrhundert zu erklärenden – extrem antiborussischen Haltung[157] über das Zonenprotokoll vom September 1944 und

---

153 Zu den Ursachen und Folgewirkungen des Scheiterns vgl. im Einzelnen Mai (1995), S. 397–464.
154 Vgl. Backer (1981), S. 32; Clay (1950), S. 142–162; Krieger (1987), S. 204–208 u. 225–245; Mai (1995), S. 1–16, 303f., 404, 414 u. 465–486.
155 Vgl. Fn. 1.
156 Vgl. Mai (1995), S. 415–435; Kettenacker (1981), S. 312–340; Schulze Wessel (1995a), S. 275–278.
157 Schon seit 1942 artikulierte Churchill seine zutiefst antipreußische Haltung, die er in der Folge auch nie aufgab. Selbst im Jahre 1953 – also sechs Jahre nach dem Auflösungsbeschluss – warnte Churchill noch öffentlich vor der

die Konferenz von Potsdam zum Kontrollratsgesetz Nr. 46 des Jahres 1947. Die Auflösung Preußens bildete für die Alliierten untereinander und in ihrem Verhältnis zum künftigen Deutschland den „Königsweg", um ihre während des Krieges zum Zwecke des inneren Zusammenhalts der Kriegskoalition (immer wieder „aufschiebend bedingt") verfolgten Pläne zur Aufteilung Deutschlands mit dem Ende des Krieges aufgeben und stattdessen – nach der durch die „erste preußische Teilung" bereits vollzogenen Rückführung der deutschen Ostgrenze auf die Oder-Neiße-Linie – eine ihren jeweiligen langfristigen macht- und gesellschaftspolitischen Intentionen entsprechende Politik der Spaltung Potsdam-Deutschlands betreiben zu können[158].

Die konkreten Folgewirkungen des Kontrollratsgesetzes Nr. 46 weisen eine Reihe von destruktiven Elementen auf, enthalten aber auch konstruktive Ansätze. Zunächst einmal sanktionierte das Gesetz die beiden „preußischen Teilungen" der Nachkriegsgeschichte völkerrechtlich. Da das Zonenprotokoll nur eine einseitige Absichtserklärung der Alliierten war, die alle Beteiligten nach Kriegsende ihrer jeweiligen machtpolitischen, ökonomischen und gesellschaftspolitischen Interessenlage entsprechend umgesetzt hatten, bedurften sowohl die faktische Verendgültigung der Oder-Neiße-Linie als neuer polnischer Westgrenze – und damit die unumkehrbare Abtrennung ausschließlich preußischer Provinzen von Deutschland – als auch die in den Jahren 1945 und 1946 in allen vier Besatzungszonen unter weitgehender Missachtung alter preußischer Gebietszugehörigkeiten vollzogenen

---

„preußischen Gefahr". Vgl. Hillgruber (1987a), S. 22; ders. (1986), S. 68; Kettenacker (1989), S. 138 u. 169; Runge (1977), S. 66; Unger (2000), S. 273.

158 Zu den wichtigsten Meilensteinen auf dem Weg in die Spaltung Potsdam-Deutschlands, die 1949 in die Gründung der Bundesrepublik Deutschland und der DDR mündete, gehörten die Errichtung der Bizone, die Auseinandersetzungen über die Reparationsleistungen, die Verhandlungen über die „Frankfurter Dokumente", die Stuttgarter Rede des US-Außenministers Byrnes vom 5. September 1946, die Entwicklung des Marshall-Plans, die Währungsreform sowie die Teilung und Blockade Berlins. Vgl. hierzu im Einzelnen die Chronik bei Benz (1990), S. 9–21 sowie ders. (2009), S. 136–221; Blank (1995), S. 9–25 u. 27–58; Clay (1950), S. 78–81; Deuerlein (1957), S. 130–137 u. 282–288; Hillgruber (1987), S. 26f., 29f. u. 39–46; ders. (1987a), S. 12f.; Krieger (1987), S. 160–165, 244–246, 278–304 u. 374–382; Mai (1995), S. 279–304 u. 305–396; Scholz (2009), S. 268–272; Schwarz (1980), S. 105–146.

Länderneugründungen – der Zustimmung einer deutschen Regierungsgewalt. Diese war mit der „Berliner Erklärung" vom 5. Juni 1945 bedingungslos auf den Alliierten Kontrollrat übergegangen[159], was staats- und völkerrechtlich ein bis dahin historisch einmaliger Vorgang war: eine einseitig durch die Siegermächte eines Krieges erklärte uneingeschränkte militärische *und* staatlich-politische Kapitulation des Besiegten[160,161], die aus der menschenverachtenden, rassisch-ideologisch begründeten Missachtung aller Grundsätze der Zivilisation und des Humanismus seitens des nationalsozialistischen *Deutschlands* ihre moralische Legitimation bezog. Das Kontrollratsgesetz Nr. 46 diente mithin nicht nur der rein formal-juristischen Bestätigung längst geschaffener Tatsachen seitens der Alliierten und als „Totenschein für einen längst Dahingegangenen" – was die vielen deutschen Nachrufe auf Preußen durchaus zutreffend zum Ausdruck bringen. Es stand zugleich für den – wenn auch fragwürdigen – Versuch, die Auflösung Preußens als einen Akt darzustellen, der mit Zustimmung einer „deutschen" Regierungsgewalt und damit völkerrechtswirksam erfolgt sei[162].

---

159 Vgl. Benz (1986), S. 68f.; ders. (1990), S. 185–188; Deuerlein (1957), S. 83–92; Gornig (2000), S. 211f.; ders. (2009), S. 55–57; Mai (1995), S. 40–49; Meissner (1977), S. 47–49.

160 Vgl. Gornig (2002), S. 211f. u. 220–222; Hillgruber (1989), S. 147; Meissner (1977), S. 48 u. 54.

161 Die „Berliner Erklärung" bildete im Kern eine Zusammenfassung der EAC-Vereinbarungen aus dem Jahre 1944 und ebnete bereits den Weg für das Kontrollratsgesetz Nr. 46. In der Erklärung behielten sich die Alliierten das Recht vor, die Grenzen und die rechtliche Stellung Deutschlands „oder irgend eines seiner Teilgebiete" später *gemeinsam* festzulegen, was in der Folgezeit nur und ausschließlich in Bezug auf Preußen mit dessen vollständiger Auflösung verwirklicht wurde – alle weiteren Gebietsveränderungen auf deutschem Boden beruhten ausnahmslos auf *einseitigen* Akten der jeweiligen Besatzungsmächte in Wahrnehmung ihrer Zonenautonomie. Vgl. Meissner (1987), S. 48.

162 Die formal-juristische Zustimmung deutscherseits zur Auflösung Preußens kann – soweit es um die ehemaligen preußischen Provinzen im Rumpf-Deutschland des Jahres 1945 ging – tatsächlich erst aus den Staatsgründungen der Bundesrepublik Deutschland und der DDR im Jahre 1949 abgeleitet werden. Die Verendgültigung der polnischen Westgrenze entlang der Oder-Neiße-Linie ist sogar erst im Zuge des Prozesses zur Vollendung der deutschen Einheit im Jahre 1990 völkerrechtswirksam geworden. Die seit der Potsdamer Konferenz sorgsam gepflegten Friedensvertragsvorbehalte bezüglich der

Das Zonenprotokoll der EAC, die „Berliner Erklärung" der Siegermächte und das Kontrollratsgesetz Nr. 46 stehen damit in einer alliierten Kontinuitätslinie, die nach den erfolgten Gebietsabtretungen im Osten und den Länderneugründungen in allen vier Besatzungszonen den Boden für die Spaltung Potsdam-Deutschlands in die Zweistaatlichkeit und die Integration der „beiden Deutschlands" in die jeweiligen machtpolitischen und ideologischen Interessensphären der sich spätestens seit der Potsdamer Konferenz herausbildenden Machtblöcke im heraufziehenden Ost-West-Konflikt bereiteten. Beiden Blöcken wurde dadurch die Möglichkeit eröffnet, an ihrer ebenfalls ausschließlich interessengeleiteten Einheits- und Friedensrhetorik festzuhalten, die der jeweils anderen Seite die Verantwortung für die Spaltung Rumpf-Deutschlands und für den „Kalten Krieg" zuwies[163]. Die schon auf der Konferenz von Teheran seitens Churchills formulierte Forderung, Deutschland müsse militärisch, wirtschaftlich und durch einschneidende territoriale Veränderungen mindestens für die nächsten fünfzig Jahre so geschwächt werden, dass von seinem Boden nie wieder eine Aggression ausgehen könne[164], wurde mit dem Kontrollratsgesetz Nr. 46 konkret und wirkungsmächtig umgesetzt.

Mit der Auflösung Preußens sollte nicht nur dessen staatliche Existenz und Tradition für immer beseitigt werden, sondern zugleich die „Idee" und der Mythos des Preußentums, die sich aus Sicht der Alliierten in einer unheilvollen und zerstörerischen Verknüpfung von Militarismus, aggressivem Expansionismus und gesellschaftlicher Rückständigkeit manifestierten und sich im Nationalsozialismus auf perverse Weise „vollendeten". Der

---

Grenzziehung wurden erst dadurch endgültig obsolet. Vgl. Gornig (2000), S. 232f. und im Einzelnen Kap. 6.1.
163 Vgl. Foschepoth (1988), S. 20f.; King (1997), S. 393–402. Endgültig abgeschlossen wurde der spätestens seit 1947 eingeleitete Teilungsprozess durch die Einbindung der beiden deutschen Staaten in die Militärallianzen der NATO bzw. des Warschauer Pakts im Mai 1955. Mit dem nicht zufällig im gleichen Monat abgeschlossenen Staatsvertrag der Siegermächte mit der Republik Österreich und der darin enthaltenen Neutralitätsverpflichtung des Landes war dadurch faktisch eine deutsche Dreistaatlichkeit hergestellt worden, mit der alle deutschen Träume von einem Deutschland „soweit die deutsche Zunge reicht" endgültig Geschichte geworden waren. Vgl. Hillgruber (1987), S. 60–63; ders. (1987a), S. 24f.
164 Vgl. Churchill (1953), S. 47.

Auflösungsbeschluss ist insoweit auch von einem starken symbolischen und sozialpsychologischen Charakter geprägt[165]. Er beansprucht darüber hinaus unmissverständlich das „Urheberrecht" der Alliierten für die Auslöschung Preußens, das nach ihrem Verständnis nicht etwa durch den „Preußenschlag" von 1932, sondern erst durch ihren Sieg über das preußisch-nationalsozialistische Deutsche Reich und die faktischen Auflösungsmaßnahmen der ersten beiden Nachkriegsjahre „...in Wirklichkeit zu bestehen aufgehört hat..." – auch weil es dadurch als alliiertes Feindbild endgültig ausgedient hatte.

Der zweite Satz der Präambel des Kontrollratsgesetzes Nr. 46 weist allerdings mit seinem Postulat, dass die Auflösung des preußischen Staates den Weg für die Wiederherstellung eines demokratischen *Deutschlands* im Rahmen einer Friedens- und Sicherheitsordnung für die (europäischen) Völker ebnen soll, bemerkenswerte konstruktive Merkmale im Hinblick auf die künftige politische Gestaltung eines gesellschaftspolitisch „entprussifizierten" und durch die zwei „preußischen Teilungen" in seiner geographischen Ausdehnung seit der Potsdamer Konferenz erheblich beschnittenen „neuen Deutschlands" auf. Die gegensätzlichen Vorstellungen der Westmächte und der Sowjetunion darüber, wie ein seines militanten Preußentums entledigtes Deutschland „demokratisch" gestaltet werden sollte, konnten angesichts der ideologischen Frontstellung zwischen beiden Machtblöcken allerdings unterschiedlicher nicht sein. Während die Sowjetunion im Machtbereich ihrer Besatzungszone den Aufbau eines sozialistischen, zentralistisch organisierten Einheitsstaats forcierte, verfolgten die Westmächte – insbesondere unter Führung Großbritanniens und der USA – zielstrebig die Schaffung eines föderalistischen, dezentral organisierten Weststaats[166]. Gesellschaftspolitisch betrieb die Sowjetunion in ihrer Zone zudem die Zerstörung der ökonomischen Machtbasis der alten Eliten durch die kompromisslose Enteignung der „ostelbischen Junker" und die Durchsetzung einer radikalen Bodenreform. Die Westmächte unterstützten hingegen die Wiederherstellung einer marktliberalen kapitalistischen Wirtschaftsordnung als Voraussetzung für eine schnelle wirtschaftliche Genesung des kriegszerstörten Deutschlands und zugleich für die Erfüllung der umfangreichen Reparationsverpflichtungen aus

---

165 Vgl. Görtemaker (2000), S. 198 u. 205; Gruner (1993), S. 109; Schlenke (1991), S. 269; Willoweit (1978), S. 1643.
166 Vgl. Mai (1995), S. 425; Fischer (1987), S. 92–94.

dem Potsdamer Abkommen[167]. Sie setzten dabei auch auf die „alten Eliten" der westelbischen Schwerindustriellen und ihrer politischen Protagonisten des Wirtschaftsliberalismus. Diese wurden in einer eindrucksvollen Metamorphose zunächst entnazifiziert und damit – in der Logik der westlichen Sichtweise einer Gleichsetzung von Nationalsozialismus und Preußentum – zugleich entprussifiziert, indem sie aus ihrem verhängnisvollen Bündnis mit den ostelbischen Junkern und damit aus der ihnen „aufgepropften" preußischen Verformung befreit wurden. Nach erfolgter und erfolgreicher „Reeducation" und „Demokratisierung" durften sie dann endlich wieder das sein, was sie nach westlicher Überzeugung immer schon waren: den Werten der Aufklärung, der Freiheit und des Humanismus verpflichtete Demokraten[168,169].

Jenseits dieser zugespitzten sozialpsychologischen Deutung ist es aber offenkundig, dass das Kontrollratsgesetz Nr. 46 – zunächst in den Westzonen, mit großem zeitlichen Abstand dann für das vereinte Deutschland – entscheidend den Weg für den „langen Weg (der Deutschen) nach Westen"[170] ebenso geebnet hat wie für die Aussöhnung mit Frankreich seit den 1960er-Jahren und für die längst überfällige Verständigung des vereinten Deutschlands mit Polen, und zwar nicht zuletzt deswegen, weil dieser Weg von einer großen Mehrheit der deutschen Bevölkerung nahezu vorbehaltlos unterstützt wurde. Ohne diese Entwicklungen in allen ihren Konsequenzen im Jahre 1947 vorhersehen zu können, hat der damalige amerikanische Militärgouverneur Lucius D. Clay das Kontrollratsgesetz Nr. 46 in einer richtigen Einschätzung seiner langfristigen Wirkungen als die – aus westlicher Perspektive – wichtigste Entscheidung des Kontrollrats vor seiner schleichenden Auflösung bezeichnet und damit weit voraus schauend den unmittelbaren Zusammenhang des

---

167 Vgl. Moltmann (1980), S. 243f.
168 Dies gilt sinngemäß auch für die „preußische" Militärkaste, die ab 1955 den „Bürger in Uniform" schuf.
169 Dass die Rehabilitation der alten Nazi-Eliten in Wirtschaft und Militär sowie die Westbindung und Remilitarisierung der Bundesrepublik Deutschland Ausfluss eines amerikanischen Imperialismus der Nachkriegszeit gewesen seien, verweist Krieger allerdings in den Bereich der Geschichtslegenden. Diesem Befund ist insoweit zuzustimmen, als dieser Wandel in erster Linie Ausdruck eines seitens des „Westens" höchst willkommenen Bewusstseinswandels im westlichen Nachkriegsdeutschland waren. Vgl. Krieger (1987), S. 519f.; Thomas (1983), S. 305–307.
170 Vgl. Winkler (2000).

Gesetzes mit dem Staatsaufbau und der politisch-ökonomischen Entwicklung der künftigen Bundesrepublik Deutschland erkannt[171]. In dieser vor allem seitens der Westmächte bewusst angestrebten und konsequent verfolgten „Fernwirkung" der Eliminierung Preußens als Grundlage einer föderalistischen Neuordnung Deutschlands kann deshalb zu Recht der „wohl konstruktivste Beitrag"[172] gesehen werden, der während des Krieges und danach seitens der Alliierten zur Lösung der „deutschen Frage" entwickelt worden ist. Möglich geworden ist diese Entwicklung allerdings nur durch die Auflösung Preußens in den dargestellten „zwei preußischen Teilungen" der unmittelbaren Nachkriegszeit. Durch die Zurückdrängung auf die alten Reichsgrenzen der Stauferzeit im Zuge der „ersten preußischen Teilung" war das danach verbliebene Deutschland geographisch auf eine europaverträgliche Größenordnung reduziert worden. Die Jahrhunderte lang vorherrschende west-östliche Verlaufsrichtung der deutschen Geschichte wurde dadurch umgekehrt und an ihren mittelalterlichen Ausgangspunkt zurückgeführt. Deutschlands historischer Osten, der weit über die Grenzen des Heiligen Römischen Reichs hinaus nach Polen ausgedehnt worden war, wurde durch die Auflösung Preußens wieder zu Polens Westen[173]. Das (nur vordergründig) rein innerdeutsche Problem der preußischen Hegemonie über Deutschland und dessen staatliche Verfasstheit waren darüber hinaus durch die – aus europäischer Sicht friedenssichernde – konsequente Föderalisierung im Zuge der „zweiten preußischen Teilung" zunächst in den Westzonen und mit großem zeitlichen Abstand im gesamten vereinten Deutschland ebenfalls gegenstandslos geworden. So gesehen war die Auflösung Preußens der „historische" Preis, den das im Jahre 1945 politisch, militärisch und moralisch am Boden liegende *Deutschland* dafür bezahlen musste, das es fünfundvierzig Jahre später seine „Einheit in Freiheit" im Rahmen des europäischen Integrationsprojektes vollenden konnte[174]. Dies sollte den Deutschen, die sich heute mit diesem einschneidenden historischen Wandel mit einer übergroßen Mehrheit identifizieren, mehr als eine nur noch museale Erinnerung an Preußen wert sein[175].

---

171 Vgl. Clay (1950), S. 144; Zink (1957), S. 329f.
172 Kettenacker (1981), S. 333.
173 Vgl. Siedler (1981), S. 31; Zernack (1989), S. 66f.
174 Vgl. Mai (1995), S. 415–435; Siedler (1991), S. 16.
175 Vgl. hierzu Kap. 6.

4 Die Rezeption der Auflösung Preußens im Nachkriegsdeutschland

4.1 Preußen zwischen „deutscher Sendung" und „deutscher Katastrophe"

Von zentraler Bedeutung für eine historisch gerechte Beurteilung der Rolle Preußens in der deutschen Geschichte – und damit auch für ein „Urteil" über das Kontrollratsgesetz Nr. 46 – ist die Antwort auf die Frage, ob und inwieweit Deutschland im Laufe des 19. Jahrhunderts und insbesondere seit der Reichsgründung eher „verpreußt" oder umgekehrt Preußen durch diesen Prozess eher „verdeutscht" wurde[176]. Nur eine überzeugende und historisch nachvollziehbare Antwort auf diese Frage kann letztendlich eine Aussage dazu treffen, wie das unerbittliche Verdikt des Kontrollratsgesetzes Nr. 46 und der Umgang der Deutschen damit historisch „korrekt" einzuordnen ist.

Obwohl die preußisch initiierte und dominierte Reichsgründung keineswegs von deutschnationaler Gesinnung, sondern ausschließlich von der preußischen Staatsräson der eigenen Machtsicherung im Ringen um die Vormachtstellung in Deutschland bestimmt war[177], hat sich die zeitgenössische borrussische Geschichtsschreibung geradezu darin überschlagen, die „deutsche Sendung" Preußens zu glorifizieren. Sie zog eine Traditionslinie vom untergegangenen Stauferreich des Hochmittelalters zu den Hohenzollern des 19. Jahrhunderts, die auf eine aus heutiger Sicht grotesk anmutende überhöhte Weise begründet wurde. Dabei wurden die alten Reichsmythen ebenso kraftvoll wie kritiklos wiederbelebt, um aus dieser Haltung heraus das Werden und Wirken Preußens „als die größte politische Tat unseres (deutschen) Volkes" zu preisen[178]. Das Preußentum, insbesondere dessen Verabsolutierung des Staates als Garant für die Freiheit des Einzelnen *im*

---

176 Vgl. Abusch (1947), S. 62 u. 163–189; Born (2000), S. 29–36; Kohn (1962), S. 9; Lukács (1973), S. 51–54; Mann 81968), S. 243f.; Schoeps 81981), S. 273–279; Thadden (1981), S. 20 u. 67–105; Zernack (1983), S. 128–130 mit Fn. 72.
177 Vgl. Barraclough (1948), S. 151f.
178 So durch von Treitschke zum Ausdruck gebracht, zitiert bei Schlenke (1981), S. 7. Vgl. auch Born (2000), S. 36–42.

Staat gegenüber der angelsächsisch-aufklärerischen Betonung der Freiheit des Individuums *vor* dem Staat wurde deshalb zum Maßstab für das gesamte preußisch-deutsche Kaiserreich erhoben. Es ist deshalb nicht verwunderlich, dass das neugegründete Deutsche Kaiserreich sowohl von den deutschen als auch von den außerdeutschen Zeitgenossen sehr bald als „Preußen-Deutschland" wahrgenommen worden ist, d.h. eines Deutschland, das in Gänze durch die antiliberale und gesellschaftspolitisch fortschrittsfeindliche Grundhaltung seiner preußischen Hegemonialmacht geprägt war[179].

Eine differenzierte Betrachtung des Deutschen Reichs von 1871 nach den verschiedenen sozialgeschichtlichen Kategorien zeigt jedoch ein vielschichtigeres Bild seiner Entwicklung. Politisch entfalteten das Reich und seine Institutionen zunehmend ein Gegengewicht zu den traditionellen preußischen Machtstrukturen. Die ökonomischen Strukturen wiesen in der zweiten Hochphase der industriellen Revolution in Deutschland und den damit einher gehenden Herausforderungen globaler Ressourcen- und Handelskonkurrenz ohnehin eine starke Tendenz zur „Verreichlichung" auf. Soziokulturell, mental und sozialpsychologisch bildete sich im Zeitalter des Wilhelminismus und den diese Epoche ganz Europa erfassenden übersteigerten Nationalismus auch im Deutschen Kaiserreich ein neues, reichsmythisch verklärtes deutsches Nationalbewusstsein heraus, dessen preußische Ursprünge mehr und mehr in den Hintergrund gerieten. Der Erste Weltkrieg – und die ihn auf deutscher Seite beflügelnden „Ideen von 1914" als einem rückwärtsgewandten geistig-ideologischen Gegenentwurf zu den aufklärerischen „Ideen von 1789"[180] – wurde deshalb schon von den Zeitgenossen als *deutscher* Krieg und nicht (mehr) als *preußischer* Krieg

---

179 Für die Herausbildung dieses neuen, im Kern antiliberalen und antiwestlichen deutschen Geschichtsbildes, das bis weit in das 20. Jahrhundert hinein seine Wirkung entfaltete, stehen im 19. Jahrhundert vor allem Heinrich von Sybel, Leopold von Ranke, Johann Gustav Droysen und Heinrich von Treitschke und im 20. Jahrhundert ihre kriegsverherrlichenden „Erben" Oswald Spengler, Carl Schmitt, Ernst Jünger und Ernst von Salomon. Vgl. Kohn (1962), S. 135–138, 156f., 186 u. 352–361; Krockow (1981), S. 31–46; ders. (1990), S. 156–184; Meinecke (1906), S. 336–342; Thadden (1980), S. 53–65.

180 Vgl. Kohn (1963), S. 21; Krockow (1981), S. 174 u. 194f.; ders. (1990), S. 100–105; Lukács (1973), S. 68.

wahrgenommen[181], auch wenn die Kriegsführung auf deutscher Seite in den Händen des preußischen Kriegsministeriums lag. Die existentiellen und leidvollen Erfahrungen (auch) der Deutschen im Ersten Weltkrieg schweißten die noch junge Nation zusammen und schufen dadurch endgültig ein *deutsches* Nationalgefühl, ohne das die Weimarer Republik angesichts ihrer fragilen Struktur nicht vorstellbar gewesen wäre. Auffällig ist allerdings, dass auch in der Zeit der Weimarer Republik außerhalb Deutschlands die Wahrnehmung Preußens viel realer blieb als bei den Deutschen selbst, die im Zuge eines umfassenden Bewusstseinswandels breiter Bevölkerungsschichten eine sich immer mehr durchsetzende *deutsche* Identität entwickelten, die in der nationalsozialistischen Volksgemeinschaft ihre „Vervollkommnung" fand. Das „dritte" Deutsche Reich, dessen konstituierende „Bewegung" ihren Ursprung in Bayern hatte, von dort aus das gesamte Deutschland erfasste und dessen Führungspersonal sich zum weitaus größten Teil aus Nicht-Preußen rekrutierte[182], führte Deutschland (auch) durch den Missbrauch der alten deutschen Reichsmythen und der Wiederbelebung des Romantizismus mit der Zustimmung der übergroßen Bevölkerungsmehrheit aller seiner Stammes- und Landsmannschaften und sozialen Schichtungen aus ostelbischen Alt-Preußen, westelbischen Muss-Preußen und den ganz und gar Nicht-Preußen Süd- und Südwestdeutschlands auf den Weg in die endgültige *„deutsche* Katastrophe", die deshalb nicht von ungefähr *diesen* Namen trägt und nicht als *„preußische* Katastrophe" in die Geschichte eingegangen ist[183].

Die Frage nach den tieferliegenden Ursachen dieses deutschen Irrweges in die Katastrophe der Jahre 1933 bis 1945 wurde schon während der NS-Herrschaft intensiv in der Exilantenliteratur erörtert und dort immer wieder mit der Hypothek des auf Deutschland lastenden reaktionären preußischen „Erbes" in Verbindung gebracht. Danach hatte sich seit Beginn des 19. Jahrhunderts unter dem maßgeblichen Einfluss des in der Entwicklung seiner sozialen und politischen Strukturen rückständigen Preußens ein „deutscher

---

181 Vgl. Haffner (1978), S. 344; Mann (1968), S. 252. Bewusst spricht Krockow (1990) für den Zeitraum von 1890 bis 1990 deshalb auch von den „Deutschen in ihrem Jahrhundert".
182 Vgl. Krockow (1981), S. 61f.
183 Vgl. Kohn (1962), S. 19.

Sonderweg" in die Moderne heraus gebildet, der sich von den auch die deutsche Geisteswelt des 18. Jahrhunderts beherrschenden Ideen der Aufklärung und des Humanismus bewusst abgewendet und im Zeitalter der *deutschen* Romantik in einem „Kampf gegen den Westen" die Vorstellung von einer mystisch verklärten Gegenwelt zum individualistischen und materialistischen Weltbild der Aufklärung hervorgebracht hatte[184]. An die Stelle der aufklärerisch inspirierten Freiheit des Individuums *vor* dem Staat trat in diesem alternativen Weltbild die Vorstellung von der umfassenden Verwirklichung individueller Freiheit *im* Staat, die einer Verabsolutierung oder gar Vergötterung eines paternalistischen Staates den Weg ebnete und durch den preußische Obrigkeitsstaat – so die Argumentation – „vollkommen" verkörpert wurde[185]. Dieser Prozess einer bewussten Abkehr vom „mainstream" des modernen europäischen Geisteslebens, der sich seit dem beginnenden 19. Jahrhundert in mehreren Etappen vollzogen habe[186], wird in erster Linie als ein geistig-politisches Versagen des politischen und intellektuellen Liberalismus gesehen. Dessen wirtschafts- und bildungsbürgerliche Repräsentanten hätten während des gesamten 19. Jahrhunderts im gesellschaftlichen Konfliktfall die Wahrung ihrer spezifischen wirtschaftlichen und gesellschaftspolitischen Interessen immer den machtpolitischen Interessen der jeweils Herrschenden bereitwillig untergeordnet. Bei der Wahl zwischen einer freien, bürgerlichen Gesellschaft und einem geeinten Machtstaat hätten diese Kräfte sich opportunistisch für die Freiheit *durch* die Macht statt der Freiheit *vor* der Macht entschieden, und zwar in einer ununterbrochenen Traditionslinie

---

184 Vgl. Kohn (1962), S. 9f., 14, 21, 27–32, 53–56, 67–72 u. 339f. Wenn Kohn sich in diesem Zusammenhang auf Goethe und insbesondere auf dessen – zu seiner Zeit noch unschuldigen – Amerika-Bewunderung beruft („Amerika, du hast es besser"), blendet er allerdings aus, dass die jungen Vereinigten Staaten im Zeichen eben dieser Aufklärung und des Humanismus die systematische, aber „vertraglich" sanktionierte Auslöschung ihrer indigenen Bevölkerung betrieben und die Sklavenhaltung zu einer wesentlichen Grundlage ihres wirtschaftlichen Aufstiegs entwickelten. Vgl. Kohn (1962), S. 47–50.

185 Vgl. Kohn (1962), S. 14, 56 u. 67; Krockow (1990), S. 100–104. Ganz in diesem Sinne spricht Meinecke noch 1917 von der „Freiheit des Ineinander", in der die eigene Individualität von anderen, höheren Individualitäten „bis zum Staate und der Nation herauf" überwölbt wird. Vgl. Meinecke (1917), S. 594.

186 Vgl. Kohn (1962), S. 27–29.

von der „Restauration" nach 1815, der „Reaktion" nach 1849, über den Verfassungskonflikt mit Bismarck, die wilhelminische Flotten- und Weltpolitik im Zeichen der völkischen Sammlungsbewegung, dem verbissenen Kampf gegen die Weimarer Republik bis hin zur Machtübertragung an Hitler im Jahre 1933[187]. Dieses Versagen des politischen Liberalismus und der ihn tragenden Kräfte des *deutschen* Bürgertums wird allerdings nur und ausschließlich mit Preußen – und hier vor allem mit dem Bismarckreich – in Verbindung gebracht[188]. Demnach entfaltete sich der „deutsche Sonderweg" zunächst in einer Verabsolutierung kritikloser preußischer Pflichterfüllung und bedingungslosen Gehorsams als den obersten „Tugenden" des Staatsbürgers, die den geistigen Nährboden für den typisch preußisch-deutschen Untertanengeist und Kadavergehorsam bildeten, die dann im NS-Reich zum Verlust aller sittlichen Werte des Humanismus führten und letztendlich in die Zerstörung jeglicher Zivilisation mündeten[189].

Dieser historische Befund muss allerdings aus zwei Gründen kritisch hinterfragt werden: Zunächst einmal ist auffällig, dass die weitaus überwiegende Zahl der als „Beleg" für die These einer preußischen Über- und Verformung deutsch-liberalen Geistes angeführten Gelehrten, Schriftsteller, Geistesgrößen und Vertreter der neuen sozialen Gruppe der Großindustriellen des Industriezeitalters keine ostelbischen Alt-Preußen, sondern Deutsche unterschiedlichster regionaler und stammesgeschichtlicher Herkunft waren, die auch im Preußen-Deutschland des 19. Jahrhunderts die Freiheit und die Möglichkeit besaßen, sich vom obrigkeitsstaatlichen Denken zu distanzieren, wenn sie es denn gewollt hätten[190]. Die Verbindung von westelbischen

---

187 Vgl. Kohn (1962), S. 15–17, 135–153, 166–171, 294–308, 335–346 u. 366–370; Runge (1997), S. 110; Schlenke (1980), S. 247–264; Wehler (1980), S. 29–31.
188 Vgl. Kohn (1962), S. 153–178; Lukács (1973), S. 49–59. Dieser eindeutigen Schuldzuweisung widerspricht Runge dezidiert. Vgl. Runge (1977), S. 103 u. 110.
189 Vgl. Kohn (1962), S. 161.
190 Vgl. Kohn (1962), S. 56–59, 82f., 98–103, 136–139, 157, 279–283, 327–347 u. 352–362. Exemplarisch sei hier auf die Rolle des Sachsen Richard Wagner als eines fanatischen Wegbereiters von übersteigerter Germanophilie, Rassenwahn und fehlgeleitetem *Deutschtum* als Ausdruck zutiefst antiwestlicher und antiliberaler Empfindungen weiter Kreise deutschnationaler Geistesgrößen verwiesen. Vgl. Kohn (1962), S. 202–236.

Schwerindustriellen, deutschen Intellektuellen und ostelbischen Junkern als „Wurzel allen (deutschen) Übels" allein dem Preußentum anzulasten, weil diese sozialen Gruppen *staatsbürgerlich* zu einem großen Teil Preußen waren, wirkt deshalb ebenso konstruiert wie der Kunststaat Preußen selbst. Vielmehr entwickelte sich der maßlos übersteigerte Nationalismus des Kaiserreichs mehr und mehr zu einem gesamtdeutschen Phänomen, indem aus der vermeintlichen „deutschen Mission" Preußens unter Wilhelm II. zielstrebig und mit breiter Unterstützung aller Reichsdeutschen „Deutschlands Sendung" für die Welt wurde[191]. Zweitens wird in dieser Argumentation die Rolle des demokratisch-republikanischen Preußen in der Weimarer Republik ausgeblendet[192], das ab 1932 (auch) durch das neuerliche Versagen deutscher Liberaler zu Grunde gerichtet wurde, die keineswegs nur preußische Wurzeln hatten. Die gerade im europäischen Ausland so verbreitete Unterscheidung zwischen den „guten", weil traditionell westlich, liberal und humanistisch orientierten Deutschen Westelbiens und Süd-/Südwestdeutschlands und den „bösen", reaktionären und traditionell zum gesellschaftspolitisch rückständigen Osten orientierten ostelbischen Preußen-Deutschen findet hier ihre innerdeutsche Entsprechung. Sie wurde nach 1945 zur Grundlage der Exkulpation der Muss-Preußen und der Nicht-Preußen als den vermeintlich wehrlosen Opfern preußischer Bevormundung und Verformung als Folge der „Transformation (der Deutschen) im Bismarckreich", in dem der deutsche und der preußische Geschichtsstrom sich (unheilvoll) vereinigten[193].

---

191 Vgl. Abusch (1947), S. 30 u. 177–203; Haffner (1978), S. 342f.; Kohn (1962), S. 191 u. 320–322.
192 Vgl. Möller (1980), S. 231–245.
193 So Röpke (1945), S. 178–190 u. 191–204. Ganz in diesem Sinne schreibt der vom glühenden Verehrer der Bismarckschen Einigungspolitik zum enttäuschten Mahner gewordene Theodor Mommsen (zitiert bei Kohn (1962), S. 201): „Der Schaden der Bismarckschen Periode ist unendlich viel größer als ihr Nutzen; …; die Knechtung der deutschen Persönlichkeit, des deutschen Geistes, war ein Verhängnis, das nicht mehr gut gemacht werden kann". Vgl. auch Brandt/Zilkenat (1981), S. 356; Thomas (1983), S. 301f. Aufschlussreich ist in diesem Zusammenhang die gegenteilige Feststellung von Barraclough, dass sich in der Zeit der Weimarer Republik die innerdeutschen Machtverhältnisse klar zu Gunsten der rheinisch-westfälischen Schwerindustrie und zu Lasten

Am ehesten ist deshalb der Einschätzung zuzustimmen, dass der Weg in die finale „deutsche Katastrophe" als das Ergebnis einer verhängnisvollen Symbiose von preußisch geprägtem Militär- und Obrigkeitsstaat und dem romantisch verklärten, opportunistischen – und deswegen keineswegs wehrlosen – deutschen Bürgertum im deutschen Nationalstaat des 19. Jahrhunderts zu erklären ist[194]. Ohne Zweifel hat Preußen den Verlauf der deutschen Geschichte insbesondere seit dem beginnenden 19. Jahrhundert durch seine obrigkeitsstaatliche und militaristische Prägung in hohem Maße destruktiv beeinflusst. Zugleich ist im Laufe des 19. Jahrhunderts der spezifisch *deutsche* Charakter eines Irrwegs in die Moderne immer deutlicher hervorgetreten, der dadurch gekennzeichnet ist, dass die national-bürgerliche deutsche Gesellschaft des 19. Jahrhunderts und deren politische Repräsentanten des Liberalismus den Verlockungen der Macht durch die preußische Militärmonarchie ebenso bereitwillig erlegen waren wie sie sich eines Ausgleichs mit der sich formierenden Arbeiterbewegung verweigert haben. Dieser Weg hat deshalb zu Recht als *deutscher* und nicht als *preußischer* Sonderweg Eingang in die deutsche und außerdeutsche Literatur gefunden[195]. Der *deutsche* Irrweg in die Moderne, der *deutsche Krieg* von 1914 und die *deutsche* Katastrophe von 1933 bis 1945 formen deshalb eine historische Kontinuitätslinie, in der sich die im Zuge der Reichsgründung propagierte Prussopholie mit ihrer vermeintlichen „deutschen Sendung" Preußens in

---

     der ostelbischen Junkerklasse verschoben haben. Vgl. Barraclough, (1948), S. 189–191.

194 Vgl. hierzu das grundlegende und vom Autor als „Deutsche Katastrophe" betitelte Spätwerk von Meinecke (1965), der damit in bewusster Abkehr von seiner jahrzehntelang propagierten deutschnationalen Einstellung als erster deutscher Historiker den Versuch unternahm, das gerade untergegangene „Dritte Reich" historisch einzuordnen. Seine These von einer Symbiose preußischer und deutscher Untugenden als Ursache der Katastrophe findet sich als durchgängige Tendenz auch bei Abusch (1947). Ähnlich auch Brandt/Zilkenat (1981), S. 30; Kohn (1962), S. 12f. u. 159–166; Krockow (1992), S. 127–134.

195 Anders Lukács, der die Ursache für den deutschen Irrationalismus und der daraus sich entwickelnden gesellschaftspolitischen Fortschrittsfeindlichkeit dezidiert im „preußischen Weg" der Entwicklung des Kapitalismus in Deutschland sieht. Aus dieser Sichtweise heraus exkulpiert er die kapitalistischen Kreise mit dem Argument, dass sie „von vornherein" in einer Abhängigkeit vom preußischen Staat gestanden hätten. Vgl. Lukács (1963), S. 46 u. 49–59.

kurzer Zeit zu einer alldeutschen Germanopholie auswuchs[196]. *Diese* bildete den Nährboden für das deutsche Drama der „Konterrevolution" der NS-Zeit, in der alle geistigen Errungenschaften des modernen Europa und alle Maßstäbe europäischer Vernunft zerbrochen wurden[197]. Insofern ist der Feststellung zuzustimmen, dass die letztendlich verhängnisvolle Eigentümlichkeit der *deutschen* Ideenwelt vor allem romantische Ursprünge hat, aus der zunächst eine übersteigerte Prussophilie erwuchs, die sich in der Folge zu einer verhängnisvollen Deutschtümelei weiter entwickelte[198].

4.2 Der Nachhall Preußens in der Bundesrepublik Deutschland und der Deutschen Demokratischen Republik (DDR)

Die als Schlusspunkt der in den Jahren 1945 und 1946 faktisch vollzogenen „zwei preußischen Teilungen" verfügte formelle Auflösung des Staates Preußen durch das Kontrollratsgesetz Nr. 46 wurde im Nachkriegsdeutschland ohne jeden erkennbaren Widerspruch in einer Mischung aus Verwunderung, Gleichgültigkeit, Erleichterung und Genugtuung hingenommen; zugleich wurde alles Preußische verdrängt bis vergessen[199]. Fragt man nach

---

196 Zu dieser Schlussfolgerung gelangt sogar Kohn, der ein ganzes Kapitel der „Genese" der Prussophilie zur Germanopholie widmet. Vgl. Kohn (1962), S. 277–323.
197 Vgl. Clark (2007), S. 743–761; Krockow (1990), S. 333–343.
198 Vgl. Meinecke (1965), S. 19–42 u. 73. Ungeachtet seiner durchgängigen Schuldzuweisung für die *deutsche* Katastrophe an den Ungeist des *preußischen* Bismarckreiches spricht Kohn bezeichnender Weise schon im Titel seines Buches – und in der Folge immer wieder – vom Geist des *deutschen* Bürgertums als der Ursache für die (Wege und) Irrwege der *deutschen* Geschichte. Vgl. Kohn (1962), S. 12f., 138f., 145, 277–323 u. 340–344. Ähnlich widersprüchlich argumentiert Lukács, wenn er die Ursache für den deutschen Irrationalismus einerseits im „preußischen Weg" sieht und andererseits als geistigen Ausdruck „allgemeiner Strömungen" der „besten deutschen Intelligenz" charakterisiert und darauf verweist, dass die Anfänge für die „Zerstörung der Vernunft" im feudal-restauratorischen, reaktionär-*romantischen* Kampf gegen die Französische Revolution zu suchen sind, der schon im ausgehenden 18. Jahrhundert – und damit lange vor der preußisch-deutschen Reichsgründung – einsetzte. Vgl. Lukács (1973), S. 50, 65, 68 u. 82.
199 Vgl. Kettenacker (1984), S. 165; Krockow (1981), S. 10; Kroll (2000), S. 221f.; Thadden (1981), S. 23.

den Gründen dafür, dass derjenige deutsche Einzelstaat, der spätestens seit dem frühen 19. Jahrhundert den Verlauf der modernen deutschen Geschichte maßgeblich bestimmt hatte, weder in dem sich ab 1946 zunächst in der Bizone, dann in der Trizone herausbildenden Weststaat noch im künftigen Oststaat der Sowjetischen Zone irgendeine Rolle im Prozess der beiden Staatsgründungen gespielt hat, so liegt die naheliegende Erklärung für dieses bemerkenswerte Phänomen zunächst in der Tatsache begründet, dass die Regierungsgewalt im besetzten Deutschland bis zum Zeitpunkt der beiden Staatsgründungen uneingeschränkt in der Verantwortung der Alliierten lag. Diese waren sich – ungeachtet aller inzwischen überdeutlich gewordenen Gegensätze – in ihrem Anspruch einig, die Fragen der Grenzen Deutschlands und der Kontrolle über Deutschland ausschließlich selbst zu entscheiden[200]. Vor diesem Hintergrund hatten sie das „definitive Ende" Preußens faktisch und de jure unwiderruflich vollzogen, weshalb es ausgeschlossen war, dass deutsche Politik in dieser Zeit eine „Wiederbelebung" Preußens auch nur in Erwägung hätten ziehen können[201]. Hinter dieser vordergründig ohne Zweifel zutreffenden Erklärung verbargen sich allerdings sehr viel tiefer sitzende, auf einer langen Tradition gründende antipreußische Ressentiments weiter Teile der nicht-preußischen und der muss-preußischen Deutschen[202], die dazu führten, dass sich weder im Westen noch im Osten Deutschlands eine politisch relevante Stimme für Preußen zumindest in dem Sinne erhoben hat, dass die Verfügung der Alliierten auf ihre historische Tragfähigkeit hinterfragt worden wäre[203].

---

200 Vgl. Krieger (1981), S. 23.
201 So haben die „Frankfurter Dokumente", die im Prozess der Konstituierung der Bundesrepublik Deutschland eine entscheidende Rolle spielten, ausdrücklich noch einmal die – nach der Inkraftsetzung des Kontrollratsgesetzes Nr. 46 eigentlich überflüssige – Vorgabe enthalten, dass Preußen nicht wieder hergestellt werden dürfe. Vgl. Blank (1995), S. 30.
202 Vgl. Kohn (1962), S. 179–186 u. 192–202.
203 Ein einsamer, weil auch in seiner eigenen Partei inzwischen bedeutungslos gewordener Mahner zu dieser Frage war der aus dem amerikanischen Exil zurückgekehrte langjährige preußische Ministerpräsident der Weimarer Jahre Otto Braun, der den „in der ganzen Welt grassierenden Preußenkoller" jener Zeit beklagte und zugleich für eine gerechte, durch Tatsachen belebte historische Beurteilung Preußens warb, ohne damit auch nur irgendwie Gehör zu

Die Vorbehalte gegenüber Preußen reichen bis in die Zeit der napoleonischen Herrschaft zurück[204], in der – lange vor der Reichsgründung – schon der preußische Reformer Freiherr vom Stein aus seiner gesamtdeutschen Einstellung heraus in Preußen einen Hinderungsgrund für die Errichtung eines deutschen Nationalstaats erkannte[205] – eine Haltung und Einschätzung, die 1848/49 auch Heinrich von Gagern als Präsident der Frankfurter Paulskirchenversammlung teilte und sich zu eigen machte[206]. Und selbst Theodor Fontane als ein – nach eigenem Bekunden – „in der Wolle gefärbter Preuße" – erkannte schon während der Revolution von 1848/49 und verstärkt nach der Reichsgründung, dass Preußen der Schaffung einer wirklichen deutschen Einigung im Wege stand[207]. Diese Überzeugung brach sich nach dem Sturz der Monarchie im November 1918 in den Diskussionen der Verfassunggebenden Versammlung von Weimar endgültig Bahn und fand in dem Staats- und Verfassungsrechtler Hugo Preuß den in der Sache überzeugendsten Verfechter eines Konzepts, das *nicht gegen* Preußen gerichtet war, *sondern für* eine „vollkommene deutsche Einigung" in Form eines dezentralisierten Einheitsstaats plädierte, in den ein auf seine historischen Ursprünge zurückgebildetes Preußen sich auf eine reichsverträgliche Weise in das Reichsganze hätte einordnen sollen[208]. Die Erfahrungen in der Endphase der Weimarer Republik und die Diskreditierung Preußens durch seine skrupellose und geschichtslose Vereinnahmung seitens des NS-Regimes[209] haben die traditionellen antipreußischen Ressentiments nach 1945 in einer Weise wieder aufleben lassen, dass diese mit einiger Berechtigung als *ein* konstitutives Merkmal der Gründung der beiden deutschen Nachkriegsstaaten angesehen werden können[210]. Wenn auch aus ganz unterschiedlichen Gründen war

---

finden. Vgl. Prolog bei Thadden (1981), S. 7. Vgl. auch Gornig (1997), S. 330; Thomas (1983), S. 298–304.
204 Vgl. Kohn (1962), S. 179–186 u. 192–202.
205 Vgl. Meinecke (1906), S. 332.
206 Vgl. ebda., S. 336–338.
207 Vgl. Clark (2007), S. 773–778; Zernack (1981a), S. 158–161. Zur kritischen Haltung Fontanes gegenüber dem Borussismus der wilhelminischen Ära vgl. Craig (1985), S. 67–93.
208 Vgl. Brecht (1949), S. 155–157.
209 Vgl. Schlenke (1991), S. 264–267.
210 Vgl. Schwarz (1980), S. 306, 396, 410 u. 432–435.

die deutsche Politik in West und Ost – in der Überzeugung, dafür auch eine breite Mehrheit der Bevölkerung hinter sich zu wissen – erleichtert über die endgültige Entpreußung und damit auch die Entreichlichung Deutschlands[211] und darüber, dass die Alliierten ihnen diese Entscheidung abgenommen hatten, welche die demokratischen Kräfte der Weimarer Republik selbst nicht zustande gebracht hatten[212].

Mit dieser Entwicklung ist einher gegangen, dass Preußen im gesamten Nachkriegsdeutschland ein willkommener Sündenbock für alle Nicht- und Muss-Preußen war, die sich mit dem Verweis auf die preußische Schuldbeladenheit vom eigenen Versagen auf dem Weg in die deutsche Katastrophe exkulpieren konnten[213], wofür ihnen „ihre" jeweiligen alliierten Besatzungsmächte die überzeugendsten Argumente bereit stellten und dadurch auch den Weg dafür bereiteten, dass nach 1945 für lange Zeit weder im Westen noch im Osten Deutschlands eine wahrhaftige Auseinandersetzung mit der NS-Tyrannei und deren Ursachen stattgefunden hat.

Die Konstituierung der Bundesrepublik Deutschland wurde maßgeblich durch den langjährigen Kölner Oberbürgermeister und Präsidenten des Preußischen Staatsrats Konrad Adenauer geprägt. In seiner Person – aber keineswegs nur in seiner Person – manifestierte sich der im westlichen Nachkriegsdeutschland wiederbelebte Anti-Borussismus in besonderer Weise. Schon in einer Rede vor der Versammlung linksrheinischer Abgeordneter zur Nationalversammlung am 1. Februar 1919 in Köln[214] entwickelte Adenauer – im Einklang mit der im Rheinland vorherrschenden öffentlichen Meinung jener Zeit – in bewusster Distanzierung vom Bismarckreich seine

---

211 Vgl. Kohn (1962), S. 365. Krockow spricht in diesem Kontext von der Befreiung vom „Fluch des Reiches" und der „Rückkehr der Bürger". Vgl. Krockow (1990), S. 289–294.
212 Vgl. Craig (1985), S. 96–100.
213 Vgl. Brandt/Zilkenat (1981), S. 356. Geradezu exemplarisch für diese neue Form westdeutscher Selbstvergewisserung nach 1945, welche die Wurzeln für die „Verformung des deutschen Volkscharakters" nur und ausschließlich in der Verpreußung Deutschlands sah, eine eigene Verantwortung für den Weg in die deutsche Katastrophe aber ablehnte, steht der häufig als geistiger Vater der Weststaatsgründung bezeichnete Ökonom und Soziologe Wilhelm Röpke mit seinem Werk „Die deutsche Frage" von 1945. Vgl. Röpke (1945), S. 178–190 u. 191–204; Schwarz (1980), S. 393–396; Thomas (1983), S. 301–305.
214 Wiedergegeben bei Erdmann (1966), S. 212–234, Dok. Nr. 1.

Konzeption zur Errichtung einer Westdeutschen Republik, die sein politisches Denken seitdem bestimmt hat[215]. Zentrale Leitgedanken dieses Konzepts waren die Herauslösung der preußischen Rheinprovinz aus Preußen als Garant dafür, dass der deutsche Westen einerseits nicht in eine unmittelbare Abhängigkeit von Frankreich gerät, andererseits aber durch die Schaffung einer Westdeutschen Republik ein dadurch „westlicher" gewordenes Deutsches Reich leichter zu einer Aussöhnung mit dem „Erbfeind" Frankreich gelangt[216]. Ungeachtet der Frage, ob Adenauer mit seiner Programmatik nur autonome oder separatistische Absichten verfolgte, offenbaren seine Ausführungen seinen tiefsitzenden Anti-Borussismus, in dem er mit seiner Feststellung „Ich betone nochmals, ... ich spreche aus dem Gedankengut unserer Gegner heraus"[217] – Preußen indirekt als den bösen Geist Europas, als Hort des kulturfeindlichen, angriffslustigen Militarismus und als Kriegstreiber charakterisiert, das von einer kriegslüsternen, gewissenlosen Kaste und dem Junkertum beherrscht wird – womit er alle gängigen Klischees über Preußen rhetorisch geschickt aufgriff[218]. Eine Westdeutsche Republik würde hingegen – wiederum nach der vermeintlichen Auffassung der Gegner – die Beherrschung Deutschlands und insbesondere der ihrer ganzen Gesinnungsart an sich den Ententevölkern sympathischeren westdeutschen Stämme durch den (preußischen) Geist des Ostens und des Militarismus beenden[219]. Unter völliger Ausblendung der historischen Tatsache, dass die von Adenauer als vorgebliche Charakterisierung seitens der Gegner zitierte „kriegslüsterne, gewissenlose militärische Kaste" schon damals im industriellen Kern Deutschlands auch tiefe rheinisch-westfälische Wurzeln hatte, diente das so einseitig verzerrte Bild Preußens der jungen Bundesrepublik

---

215 Vgl. Brecht (1949), S. 248–254; Craig (1985), S. 98 u. 123f.; Erdmann (1966), S. 28–48; Köhler (1986), S. 47–61; Loth (1988), S. 274–279; Thomas (1983), S. 303f.
216 Ob Adenauer nur die *Autonomie* eines von Preußen losgelösten westdeutschen Staates *innerhalb* des Reiches oder die *Separierung vom Reich* als einem selbständigen, souveränen Staat anstrebte und welche Bedeutung dabei einem Ausgleich mit Frankreich zukam, ist in der Literatur bis heute umstritten. Vgl. Erdmann (1966), S. 187–203; Köhler (1986), S. 9–14, 47–61, 119–124 u. 274–279.
217 Vgl. Erdmann (1966), S. 221.
218 Vgl. ebda. und Möller (1980), S. 233; Unger (2000), S. 247f.
219 Vgl. Erdmann (1966), S. 221.

unter Adenauers Führung und dessen publizistischen und intellektuellen Unterstützer ab 1949 als *eine*, aus historischer Sicht aber nicht unwesentliche Legitimierung für ihre konsequente Westorientierung[220]. Die damit einhergehende vollständige politische, ökonomische und soziale Integration in das Wertesystem der westlichen Völkergemeinschaft zementierte zugleich auf unbestimmte Zeit die bewusst in Kauf genommene staatliche Teilung Deutschlands entlang der Elbe als dem neuen „Limes des Abendlandes"[221]. Einer besonderen antipreußischen Rhetorik Adenauers und ihm Gleichgesinnter bedurfte es in dieser Situation gar nicht mehr, weil die Westalliierten das Feld für eine „entpreußte" Weststaatsgründung nach ihren Vorstellungen – und denen der Mehrheit der westdeutschen Bevölkerung – längst bereitet hatten.

Diese von einer breiten Mehrheit der Bevölkerung getragene Einbindung in den Westen wurde noch verstärkt durch die (bereitwillige) Wahrnehmung der von ihrer vermeintlichen preußischen Bevormundung und Verformung erlösten Deutschen des Weststaats der aus der Sowjetischen Zone hervorgegangenen „sogenannten DDR" mit ihrer ehemaligen preußischen Kernprovinz Brandenburg als einem „roten Preußen", das sich durch die Nähe und Rußlandhörigkeit seiner politischen Führung dem (westlich definierten) gesellschaftlichen Fortschritt verweigere. Im Stellvertreter-„Kalten Krieg" der sich in der Nachkriegsära feindlich gegenüber stehenden gesellschaftspolitischen, ökonomischen und machtpolitischen Systeme und Machtblöcke erfüllten die westdeutschen antipreußischen Ressentiments insofern auch noch die Funktion, die DDR als neues innerdeutsches Feindbild „antipreußisch" zu legitimieren. Die extrem geringschätzige Wahrnehmung des zweiten deutschen Staats durch die Bundesrepublik Deutschland wurde andererseits von einer jahrzehntelang intensiv gepflegten Einheitsrhetorik

---

220 Zugleich sollte damit ein zu diesem Zeitpunkt durchaus für denkbar gehaltener „triumphaler Wiederaufstieg Preußens und eines (neuerlich) verpreußten Deutschlands, möglicherweise im Zeichen eines kommunistischen Totalitarismus" verhindert werden. Vgl. Röpke (1945), S. 244.

221 Vgl. Foschepoth (1988), S. 7–28, insbesondere S. 20–22; ders. (1988a), S. 29–60 u. die Wiedergabe eines „streng vertraulichen" Dokuments des britischen Foreign Office zu dieser Thematik auf S. 289; Kohn (1962), S. 370 u. 374, Röpke (1945), S. 249–252; Schwarz (1980), S. 393–405, 413–422 u. 432–436.

begleitet, die den „Brüdern und Schwestern in der Sowjetzone" auf der Grundlage der in der Nachkriegszeit entwickelten „Magnettheorie" die Wiederherstellung der deutschen Einheit mit der Begründung verhieß, dass sich die Überlegenheit des westlichen Erfolgsmodells letztendlich durchsetzen und die DDR „wie ein Magnet" anziehen werde, die konsequente Westorientierung der Bundesrepublik mithin die unabdingbare Voraussetzung für eine künftige Wiedervereinigung sei[222].

Nachdem alle Nachkriegskonferenzen der Alliierten auf Grund von deren inzwischen diametral entgegengesetzten Interessenlagen heraus und unter gegenseitigen Schuldzuweisungen weder zu Fortschritten in der Frage der Wiederherstellung der Einheit Potsdam-Deutschlands noch in der Frage eines Friedensvertrages – und damit der endgültigen Bestätigung der Gebietsabtrennungen östlich der Oder-Neiße-Linie – geführt hatten, wurde 1955 mit dem Beitritt der Bundesrepublik Deutschland zur NATO, der DDR zum Warschauer Pakt und dem Staatsvertrag der Alliierten mit der Republik Österreich die „deutsche Frage" aus alliierter Sicht endgültig durch die Errichtung einer deutschen Dreistaatlichkeit gelöst[223], wofür die Auflösung Preußens die Voraussetzungen geschaffen hatte. Erst mit diesen Entscheidungen war die Nachkriegsära zu einem vorläufigen Abschluss gelangt. Die weitere Entwicklung in der Auseinandersetzung der Machtblöcke und Gesellschaftssystem war zu jener Zeit völlig unvorhersehbar, weshalb der zu diesem Zeitpunkt erreichte „Status quo" in der zeitgenössischen Wahrnehmung immer mehr als endgültig und unverrückbar angesehen wurde.

In dieser Situation einer zunehmenden Verfestigung der Zweistaatlichkeit Potsdam-Deutschlands setzte in der Bundesrepublik Deutschland allmählich eine Rückbesinnung auf das politische, geistige und kulturelle Erbe Preußens ein. Mit der Errichtung der „Stiftung Preußischer Kulturbesitz" wurde im Jahre 1957 ein institutioneller Rahmen zur Bewahrung und Pflege des preußischen Kulturerbes geschaffen. Die vielbeachtete und im In- und Ausland äußerst kontrovers diskutierte Preußen-Ausstellung im Jahr 1981 im damaligen Westteil Berlins markierte vor 1990 den Höhepunkt

---

222 Vgl. Foschepoth (1985a), S. 72; ders. (1988), S. 16–21; ders. (1988a), S. 29–60; Hillgruber (1987), S. 26 u. 37f.; King (1997), S. 402; Schwarz (1980), S. 479–482.
223 Vgl. Erdmann (1989).

einer sich ausbreitenden „Preußen-Renaissance", die sich allerdings auf die positiven Elemente der vielbeschworenen „Januskőpfigkeit" des Preußentums beschränkte, insbesondere seine kulturellen Leistungen[224]. Die mit dem Preußentum unbestritten ebenfalls verbundenen negativen Assoziationen wurden hingegen weitgehend ausgeblendet, und zwar auch dadurch beeinflusst, dass eine politische Renaissance Preußens seit 1947 nicht mehr zur Debatte stand.

Ausgeprägte antipreußische Ressentiments bildeten auch eine entscheidende Legitimationsgrundlage für die Gründung der DDR, deren tonangebende „Gründungsväter" Walter Ulbricht und Wilhelm Pieck in ihrem Anti-Borussismus der Haltung Adenauers – wenn auch aus ganz anderen ideologischen Motiven heraus – in nichts nachstanden[225]. Anders jedoch als im Westen Deutschlands, wo in der Auflösung Preußens die historische Chance gesehen wurde, durch die Errichtung eines föderalistischen, in sich austarierten Bundesstaats (endlich wieder) an die liberal-aufklärerischen Traditionen des Westens und dessen Wirtschafts- und Sozialordnung anknüpfen zu können, stand in der Sowjetischen Zone – und später in der DDR – die radikale Überwindung der als preußisch definierten schädlichen Elemente des ostelbischen Junkertums, des Militarismus und der Herrschaft des Monopolkapitals im Mittelpunkt der politischen, gesellschaftlichen und ökonomischen Umwälzung. Aus dieser Sichtweise heraus war die Auflösung Preußens durch das Kontrollratsgesetz Nr. 46 deshalb auch keineswegs nur ein administrativer und juristischer Vorgang, sondern wurde als ein notwendiger historischer Akt verstanden, der weit über die nur *territoriale* Auflösung des Staates Preußen hinaus reichen sollte. Als folgerichtiger Konsequenz der auf der Potsdamer Konferenz beschlossenen Liquidierung des deutschen Militarismus und der ihn tragenden gesellschaftlichen Schichten sollten deshalb durch eine umfassende Entnazifizierung und Demokratisierung die gesellschaftlichen Grundlagen für die Gestaltung eines „neuen Deutschland" geschaffen werden[226]. Konkretester Ausdruck dieses Umwälzungsprozesses

---

224   Vgl. Schlenke (1981), S. 269–272 und besonders kritisch zur Ausrichtung dieser Ausstellung Zernack (1982), S. 135–151; ders. (1983), S. 105–133.
225   Vgl. Krockow (1981), S. 10; ders. (1990), S. 296.
226   Vgl. Abusch (1947), S. 40–55 u. 163–203; Bartel/Mittenzwei/Schmidt (1979), S. 309–314 u. 328f.; Clark (2007), S. 767; Thomas (1983), S. 296–298.

auf dem Weg zum Aufbau einer sozialistischen Gesellschaftsordnung als der Voraussetzung für ein neues, besseres Deutschland waren die Bodenreform, mit der den ostelbischen Großgrundbesitzern zwischen Oder und Elbe die Basis ihrer wirtschaftlichen, sozialen und politischen Macht entzogen wurde, sowie die umfassende Verstaatlichung der Industrie. Der bewusst und radikal vollzogene Bruch mit der aus der sozialistischen Perspektive rein preußisch-reaktionären Vergangenheit zeigte sich aber auch in der Zerstörung wichtiger preußischer Symbole wie der Stadtschlösser in den beiden Residenzstädten Berlin und Potsdam.

Auch staatsrechtlich erfolgte die Gründung der DDR auf einer anderen Grundlage als im Weststaat. Nachdem die Sowjetunion in ihrer Zone schon im Juli 1945 die alten Länder- und Provinzstrukturen aus der Weimar Zeit wieder in Kraft gesetzt hatte, die dann auch in den ersten Jahren des Bestehens der DDR – zumindest formell – beibehalten wurden, tilgte die DDR 1952 mit einer rein verwaltungstechnisch basierten Bezirkseinteilung ihres gesamten Territoriums die letzten Spuren historisch gewachsener Strukturen im Staatsaufbau. Dies hatte zur Folge, dass auch die verbliebenen preußischen Provinzen Brandenburg und Sachsen, die von der sowjetischen Militärregierung *nach* dem Erlass des Kontrollratsgesetzes Nr. 46 noch zu Ländern erhoben worden waren, in verschiedene Bezirke der DDR aufgingen. Über die rein verwaltungstechnischen Erwägungen hinaus schuf die Bezirkseinteilung der DDR zugleich aber auch die Voraussetzungen für die Errichtung einer stark zentralistisch ausgerichteten staatlichen Ordnung im Rahmen eines Ein-Parteien-Staats[227]. So gesehen spiegeln die der Gründung der beiden deutschen Nachkriegsstaaten zugrunde liegenden unterschiedlichen Modelle staatlicher Ordnung auch noch einmal den Gegensatz zwischen Föderalisten und Unitaristen in der Weimarer Republik wider.

So wie die Bundesrepublik Deutschland sich in ihrer Frühphase – und weit darüber hinaus – über den aus der Weimarer Zeit übernommenen fundamentalen Antikommunismus definierte[228], zog die DDR ihr Selbstverständnis vor allem aus dem – ebenfalls in der Weimarer Zeit gründenden – Antifaschismus und Antiimperialismus. Dem Vorwurf der „Rußlandhörigkeit" aus dem Westen stellte die DDR die „Amerikahörigkeit" der im Westen wieder an die

---

227 Vgl. Benz (2009), S. 210–221; Scholz (2009), S. 272–303.
228 Vgl. Schwarz (1980), S. 436–440 u. 452.

Macht gekommenen restaurativen Kräfte des – nunmehr nicht mehr preußischen, sondern westdeutschen – Monopolkapitalismus und Militarismus entgegen, die sich einer grundlegenden Neuordnung der gesellschaftlichen Verhältnisse in Deutschland strikt verweigerten und stattdessen bei unveränderten Machtstrukturen nur die Herrschaftsformen ausgetauscht hätten[229]. Ungeachtet der ganz unterschiedlichen gesellschaftspolitischen Vorstellungen bekannte sich aber auch die DDR bis zum Jahre 1955 rhetorisch immer wieder zur Einheit der deutschen Nation, wiewohl selbstredend unter sozialistischem Vorzeichen und dabei ebenfalls von der Überzeugung geleitet, dass ihr sozialistisches Gesellschaftsmodell umgekehrt eine Magnetwirkung auf das westliche Potsdam-Deutschland ausüben würde.

Ähnlich wie in der Bundesrepublik erfuhr die Rezeption Preußens auch in der DDR in *dem* Augenblick einen Wandel, als die deutsche Zweistaatlichkeit „vollendet" war und in ihrer Folge beide Staaten – und ihre Bürger – sich unter dem Eindruck der neuen historischen Tatsachen vom Einheitsgedanken immer mehr verabschiedet hatten. Anders allerdings als die Bundesrepublik Deutschland, die sich im Zuge ihrer „Wiederentdeckung" Preußens auf eine Musealisierung des kulturellen preußischen Erbes beschränkte, griff die DDR in ihrem nach 1955 immer deutlicher werdenden Bemühen, in klarer Abgrenzung zur Bundesrepublik Deutschland eine eigene sozialistische deutsche Nation zu begründen, auf die aus ihrer Sicht progressiven Traditionen der preußischen Geschichte zurück. Diese erkannte sie vor allem in dem das 19. Jahrhundert prägenden reformerischen und revolutionären Wirken der werktätigen Arbeiterklassen, Bauern, Kleinbürger und der fortschrittlichen Intelligenz in deren gemeinsamen Kampf um gesellschaftlichen Wandel gegen die herrschende Adels- und Junkerklasse. Die Reformära der napoleonischen Zeit, die 1848-iger Revolution und vor allem der Kampf der sich seit der Mitte des 19. Jahrhunderts formierenden Arbeiterbewegung gegen die Kräfte des preußisch-deutschen Militärstaats und der diesen tragenden reaktionären gesellschaftlichen Kräfte wurden auf diese Weise als identitätsstiftend für die nationale Eigenständigkeit des ersten „Arbeiter- und Bauernstaates" auf deutschem Boden in Anspruch

---

229 Vgl. Thomas (1983), S. 305–307.

genommen[230]. Die Einführung einer eigenen Staatsflagge und der eigenen DDR-Staatsbürgerschaft zeugten ebenso von diesem Bemühen wie die Adaption preußischer Traditionen und Rituale in der Nationalen *Volksarmee* des „roten Preußen" und die Wiederherstellung wichtiger Zeugnisse des aus diesem Blickwinkel nicht in erster Linie von den herrschenden reaktionären Kräften, sondern von *Arbeitern* geschaffenen architektonischen preußischen Erbes wie das Ensemble des Gendarmenmarktes, die Friedrichswerdersche Kirche und der Berliner Dom[231].

---

230 Vgl. Bartel/Mittenzwei/Schmidt (1979), S. 315f.; Baumgart (1997), S. 333; Clark (2007), S. 779; Krockow (1981), S. 11; ders. (1990), S. 296; Mittenzwei (1980), S. 212; Schlenke (1991), S. 270f. Hinrichs charakterisiert in diesem Sinne die Vereinnahmung des aus sozialistischer Sichtweise positiven Teil-Erbes der preußischen Geschichte als ein die Gesellschaftsordnung und die nationale Identität der DDR stützendes Geschichtsbild. Vgl. Hinrichs (2001), S. 13.
231 Vgl. Clark (2007), S.779; Krockow (1981), S. 11.

5 Zusammenfassende Bewertung der alliierten und der deutschen Sicht auf die Auflösung Preußens

Die alliierte und die deutsche Sicht auf Preußen und dessen Auflösung durch das Kontrollratsgesetz Nr. 46 weisen auffällige Konvergenzen auf. Das alliierte Preußenbild wird – wenn auch aus ganz unterschiedlicher Perspektive der beiden gegensätzlichen ideologischen Lager – von der Vorstellung eines gesellschaftlich rückständigen, politisch, wirtschaftlich und militärisch expansiven und aggressiven Staates bestimmt, dessen Macht auf einer unheilvollen Allianz aus ostelbischen Junkern, Schwerindustriellen (unbestimmter landsmannschaftlicher Herkunft) und deren Militärkaste gründet, die seit der Reichsgründung von 1870/71 über das gesamte Deutsche Reich herrscht. In dieser besonderen Sozialstruktur wird die ausschlaggebende Ursache für den seit dem frühen 19. Jahrhundert einsetzenden und im Laufe des Jahrhunderts immer schärfere Konturen gewinnenden deutschen Irrweg in die Moderne gesehen. Die bewusste Abkehr der nach dieser Lesart preußisch dominierten und verformten Deutschen von den aufklärerischen Ideen und Gesellschaftsentwicklungen der westeuropäisch-angelsächsischen Welt wurde insbesondere von den westlichen Mächten zunehmend als massive Bedrohung des Friedens und der Sicherheit im Rahmen einer europäischen Gleichgewichtsordnung wahrgenommen, der es Einhalt zu gebieten galt. Diese vor allen Dingen von außen- und machtpolitischen Erwägungen bestimmte „Fear of Prussia" richtete sich deshalb in erster Linie gegen einen geographisch zu weit ausgreifenden, wirtschaftlich starken und politisch auftrumpfenden deutschen Zentralstaat in der Mitte Europas, dessen rückständige innere Verfasstheit seinem aggressiven Expansionismus Vorschub leiste. Aus russisch-sowjetischer Perspektive manifestierte sich diese Furcht vor Preußen-Deutschland vor allem in dem aus der historischen Erfahrung des 20. Jahrhunderts heraus nicht unbegründeten, aber auch eigenen geopolitischen Interessen in Mittel-/Osteuropa zuwider laufenden „deutschen Drangs nach Osten", der unter dem Eindruck des Überfalls der deutschen Wehrmacht auf die Sowjetunion eine allmähliche Umkehrung der traditionellen „negativen Polenpolitik" in eine „negative Preußenpolitik" bewirkte.

Die deutsche Innensicht auf Preußen wurde hingegen vorrangig von der als Bevormundung wahrgenommenen hegemonialen Dominanz Preußens bestimmt, das seinen vorgeblich rückständigen, obrigkeitsstaatlichen, auf missbräuchlicher Pflichterfüllung und Gehorsam gründenden Charakter dem ganzen Reich aufgezwungen habe und dadurch vor allem die nichtpreußischen Süd- und Südwestdeutschen sowie die westelbischen Muss-Preußen gegen ihren Willen verformt, überformt und dadurch von ihren traditionellen westlich-liberalen Orientierungen und Bindungen entfremdet habe.

Die historische Ausnahmesituation, die durch die Gewaltexzesse und Völkermorde des nationalsozialistischen Deutschland heraufbeschworen worden war, führte bei den Alliierten der Anti-Hitler-Koalition schon in der Frühphase des Zweiten Weltkrieges zu Überlegungen, wie die von ihnen längst als „Deutsches Problem" wahrgenommene „Deutsche Frage" nach einem Sieg über Hitler-Deutschland endgültig dadurch in ihrem Sinne gelöst werden kann, dass Deutschland politisch, wirtschaftlich und soziokulturell so stark und nachhaltig geschwächt wird, das von ihm nie wieder eine Bedrohung ausgehen kann. Nachdem die Siegermächte ihre nahezu während des gesamten Krieges hindurch als dauerhafte Lösung des „Deutschen Problems" intensiv diskutierten Teilungspläne für Deutschland mit dem Kriegsende aus ihren inzwischen gänzlich gegensätzlichen Interessenlagen heraus aufgegeben hatten, rückte stattdessen die Zerschlagung Preußens als Alternative zu den Teilungsplänen für Deutschland und damit als Ausweg aus einer politischen Sackgasse immer stärker in das Zentrum der alliierten Diskussionen. Das Kontrollratsgesetz Nr. 46 erwies sich auf diese Weise aus einer Reihe von Gründen als „Königsweg" alliierter Nachkriegspolitik:

1. Das nach 1945 verbliebene Potsdam-Deutschland und das deutsche Volk in der Mitte Europas konnten auch die Alliierten – ungeachtet des vom nationalsozialistischen Deutschen Reich und nicht von Preußen angezettelten Krieges und der in *deutschem* Namen begangenen Verbrechen – nicht „auflösen", den vielbeschworenen „Kunststaat Preußen" hingegen wohl, weil dieser auf keiner übergreifenden, den Gesamtstaat zusammen haltenden Stammes- oder landsmannschaftlichen Zugehörigkeit gegründet war. In Kenntnis der massiven innerdeutschen Vorbehalte

gegen Preußen durften die Alliierten dabei sogar auf eine – zumindest stillschweigende – Zustimmung der Deutschen bauen.
2. Die in den beiden ersten Nachkriegsjahren auf der Grundlage des Zonenprotokolls vom 12. September 1944, der „Berliner Erklärung" und der Potsdamer Konferenz in rascher Folge geschaffenen Tatsachen der „zwei preußischen Teilungen" durch die Gebietsabtrennungen östlich der Oder-Neiße-Linie sowie die Länderneugründungen in allen vier Zonen wurden durch den Auflösungsbeschluss des Kontrollratsgesetzes Nr. 46 nachträglich staats- und völkerrechtlich legalisiert und waren deshalb keineswegs „rechtlich überflüssig". Preußen, dass sich als *einziger* deutscher Teilstaat in den „Grenzen von 1937" über alle vier Besatzungszonen erstreckte, stand dadurch der sich abzeichnenden und so gewollten Spaltung Potsdam-Deutschlands durch die doppelte Staatsgründung im Jahre 1949 auch de jure nicht mehr im Wege.
3. Mit der Auflösung Preußens gab es keine geographische und staatsrechtliche Klammer mehr über die Zonengrenzen hinweg, weshalb die Alliierten damit den seit der Potsdamer Konferenz von ihnen beschrittenen Weg weiter verfolgen konnten, in ihren jeweiligen Zonen in einem „Kampf um Deutschland" zielstrebig ihre gegensätzlichen und von den eigenen machtpolitischen, ökonomischen und gesellschaftspolitischen Vorstellungen bestimmten Interessen durchzusetzen. Indem beide Machtblöcke der Nachkriegsära gleichwohl an einer rein taktisch begründeten Einheitsrhetorik festhielten, machten sie damit aber zugleich unmissverständlich deutlich, dass sie an ihrem Anspruch auf die fortbestehende gemeinsame Verantwortung für „Deutschland als Ganzes" und damit an ihr (entscheidendes) Mitbestimmungsrecht in der „deutschen Frage" unbeirrt festhielten.
4. In Umkehrung des Schlagwortes aus dem 19. Jahrhundert „Wer Preußen hat, hat Deutschland" hatten die Alliierten mit der Auflösung Preußens – wenngleich auch auf vielen Umwegen und anders, als sie es sich mit ihren ursprünglichen Vorstellungen von „dismemberment" oder „partition" Deutschlands vorgestellt hatten – ihr wichtigstes, durch die historische Ausnahmesituation auch moralisch legitimiertes Kriegsziel erreicht: die nachhaltige Schwächung Deutschlands durch seine Zerschlagung, die sich zum einen in den östlichen Gebietsabtrennungen und zum anderen in der Jahrzehnte lang zementierten Spaltung Potsdam-Deutschlands

manifestierte[232], denn „Wer Preußen (in seiner Ausdehnung von 1937) zerschlägt, zerschlägt (damit auch) Deutschland". Nicht *Preußen* stellte 1945 deshalb primär eine Herausforderung und Bedrohung für den Frieden in Europa dar, sondern das reine Faktum der durch Preußen geschaffenen Existenz eines geeinten und übermächtigen *Deutschland*, das mit der Auflösung Preußens ebenso faktisch wieder beseitigt wurde[233].

Diese alliierte „Blaupause" für die zukünftige politische Gestaltung deutscher Staatlichkeit wurde von den Staatsgründern der Bundesrepublik Deutschland und der DDR ebenso alternativlos wie bereitwillig in dem Bestreben übernommen, sich in ihrem jeweiligen neuen, „entpreußten" Deutschland des preußischen Erbes zu entledigen und damit zugleich der Frage nach der eigenen Verantwortlichkeit für den Weg in die deutsche Katastrophe auszuweichen. Indem die Deutschen die Einigkeit der Alliierten in der „preußischen Frage" und deren Uneinigkeit in der deutschen Einheitsfrage nachvollzogen, wurden die Bundesrepublik Deutschland und die DDR dadurch in ihren jeweiligen Grundstrukturen quasi zu „Abziehbildern" der politischen, gesellschaftlichen und ökonomischen Vorstellungen ihrer jeweiligen Besatzungsmächte[234], ohne dabei auf preußische „Altlasten" Rücksicht nehmen zu müssen: die Bundesrepublik Deutschland als ein im Auftrag der Westmächte errichteter föderalistischer, parlamentarisch-demokratischer und pluralistischer Parteienstaat auf der Grundlage einer marktwirtschaftlich-kapitalistischen Wirtschafts- und Sozialordnung, und die DDR als sozialistischer Einheits- und Ein-Parteien-Staat. Alle in den ersten Nachkriegsjahren und auch nach den beiden deutschen Staatsgründungen von 1949 ansatzweise noch vorhandenen Einheits- und Neutralitätsbestrebungen im Osten und

---

232 Vgl. Eschenburg (1985), S. 49; Kettenacker (1989), S. 275f. Ganz in diesem Sinne widerspricht Mee deshalb auch der gängigen These vom Misserfolg der Potsdamer Konferenz. Tatsächlich habe die Konferenz das entscheidende Nachkriegsproblem dadurch „höchst zufriedenstellend" gelöst, in dem sie die Grundlagen für die Teilung Deutschlands geschaffen habe. Vgl. Mee (1995), S. 247f.
233 Dieser Auffassung war schon während des Krieges das britische Foreign Office, dass in Churchills Preußenmanie eine nostalgische Verharmlosung des *deutschen* Problems erkannte. Vgl. Kettenacker (1989), S. 220–222.
234 Vgl. Overesch (1985), S. 282f. u. 269f.

Westen Deutschlands[235] wurden auch in den beiden deutschen Staaten unter dem Einfluss der zentrifugalen Kräfte der Nachkriegsentwicklung immer mehr – auch insoweit der alliierten „Blaupause" folgend – zu rein rhetorischen Einheitsbekundungen, in denen wahlweise der „Freiheit" bzw. dem „Sozialismus" der Vorrang vor der Einheit eingeräumt wurde[236].

Den aus deutscher Sicht destruktiven Wirkungen der Auflösung Preußens durch den unwiderruflichen Verlust der – in der westdeutschen Nachkriegsrhetorik bezeichnenderweise sehr bald so genannten – *„deutschen* Ostgebiete" und die jahrzehntelange Spaltung Deutschlands hat allerdings auch eine Reihe konstruktiver Entwicklungen begünstigt. Dazu gehören die Aussöhnung mit dem „Erbfeind" Frankreich im Westen und der nach dem Kriege nur mühsam in Gang gekommene und erst nach der Vollendung der deutschen Einheit zu einem gewissen Abschluss gebrachte Prozess eines Ausgleichs mit Polen, das – vor dem Hintergrund der eigenen, Jahrhunderte langen leidvollen geschichtlichen Erfahrung negativer preußisch-deutscher Polenpolitik – die „Finis Prussiae" im Jahre 1947 als historisch gerechte Umkehrung der „Finis Poloniae" von 1795 und 1939 am stärksten begrüßt hatte[237]. Die Auflösung Preußens hat auch – so wie es die Präambel des Kontrollratsgesetzes Nr. 46 postuliert – wesentlich die Weichen für die Errichtung einer gefestigten demokratischen Ordnung in Deutschland, für dessen Wiederaufnahme in den Kreis der zivilisierten Völker und dadurch auch für dessen Integration in ein vereintes Europa gestellt[238]. Die Rückbesinnung der Deutschen auf ihr geistig-kulturelles Erbe des 18. Jahrhunderts und damit der erneuten Hinwendung zum Westen war das Ergebnis eines langfristigen, das deutsche Bewusstsein in starkem Maße positiv verändernden Prozesses, der zunächst nur im Weststaat

---

235 Vgl. Hillgruber (1987), S. 30–35; Overesch (1985), S. 269, 275–280 u. 283f; Schwarz (1980), S. 299–392.
236 Vgl. Overesch (1985), S. 269–290.
237 Vgl. Zernack (1982), S. 135 mit Verweis auf eine „Todesanzeige für Preußen" in der Zeitschrift „Odra" (Die Oder) in Fn. 2; ders. (1983), S. 132f.
238 Vgl. Mai (1985), S. 415–435 u. 487–500; Thadden (1981), S. 104. Die Notwendigkeit einer Re-Integrierung Deutschlands in die dominanten Strömungen westlicher Zivilisation und Politik hatten einige voraus schauende deutsche Intellektuelle schon in den 1920-iger Jahren erkannt, von denen viele altpreußische Wurzeln hatten wie Ernst Troeltsch, Karl Lichnowsky, Wilhelm Foerster und Fritz von Unruh. Vgl. Kohn (1992), S. 339–346.

und dort mit breiter Zustimmung der „entpreußten" Bevölkerung verwirklicht wurde, um ab 1990 zum Modell für ganz Deutschland zu werden[239]. Die Rückverlagerung des Schwergewichts deutschen Lebens fort vom Osten in das Rheinland und den Süden und Südwesten des Landes – und damit zurück an die Stätten seiner älteren Traditionen des „lebendigen Liberalismus" der vornapoleonischen Zeit – war im Nachkriegsdeutschland ein unübersehbarer symbolischer Ausdruck dieses tiefgreifenden deutschen Bewusstseinswandels[240]. Die durch das Kontrollratsgesetz Nr. 46 vollzogene Rückführung der über lange Zeiträume zu „raumgreifenden" und dadurch aus europäischer Sicht überdehnten deutschen Nationalstaatsbildung mit ihrer ausgeprägten West-Ost-Verlaufsrichtung[241] auf ihr historisch unbestrittenes Territorium und die damit einhergehende Wiederanknüpfung des „neuen" Deutschland an den moralischen und geistigen Wertekanon des Westens hat im Ergebnis eines langen Prozesses einen deutschen Nationalstaat hervorgebracht, dessen geographische Ausdehnung in der Mitte Europas für seine europäischen Nachbarn als dauerhafte Lösung der historischen „deutschen Frage" (gerade noch) erträglich ist[242]. Der Auflösungsbeschluss der Alliierten hat somit eine zweifache Wirkung entfaltet: Einerseits war er der Totenschein für das endgültig untergegangene, nach alliiertem Verständnis preußisch-nationalsozialistische Deutsche Reich in seiner ursprünglich Bismarckschen Prägung und weit darüber hinaus für alle gesamtdeutschen Illusionen des 19. und 20. Jahrhunderts. Zugleich wies aber seine Programmatik „mit langem Atem" und

---

239 So gesehen ist es nicht ganz abwegig, in dieser Spätfolge die viel beschworene „Magnetwirkung" zu erkennen. Vgl. Gruner (1993), S. 109.
240 Vgl. Kohn (1962), S. 365f., der an dieser Stelle aber weit über sein Ziel der ausschließlichen Schuldzuweisung für die deutsche Katastrophe an Preußen hinaus schießt, wenn er als Gegenpol Konrad Adenauer und Theodor Heuss als die „geborenen" Repräsentanten dieses neuen Deutschland in die Tradition des antiken westlichen Germaniens und dessen Zivilisation stellt. Adenauer war der rheinisch-preußischen Schwerindustrie, die nach westlicher Auffassung Teil des zerstörerischen preußisch-deutschen Machtkartells war, eng verbunden, und Heuss als prominenter Vertreter des politischen Liberalismus hat, wenn auch „mit der Faust in der Tasche", dem Ermächtigungsgesetz von 1933 und damit der eigenen politischen Entmündigung „frei" willig zugestimmt.
241 Vgl. Kohn (1962), S. 171–178; Zernack (1989), S. 66f.
242 Vgl. Gruner (1993), S. 109; Kohn (1962), S. 22–26 u. 366; Siedler (1991), S. 16.

über viele Umwege den Weg für die Vollendung der Deutschen Einheit durch die territoriale, politisch-ökonomische und soziokulturelle „Westverschiebung" Deutschlands als Voraussetzung für eine europäische Lösung der „deutschen Frage"[243]. Diese beiden Aspekte des Kontrollratsgesetzes Nr. 46 stehen in einer unauflöslichen Beziehung zueinander, und für beide Aspekte des Dekrets reklamieren die Alliierten die Urheberschaft vor der Geschichte.

---

243 Vgl. Barraclough (1948), S. 205f.; Mai (1985), S. 487–500, Siedler (1991), S. 205–211.

6 Schlussbetrachtungen

6.1 Preußische Nachgeschichte im Kontext des Prozesses der „Vollendung der Deutschen Einheit"

Mit der Verfestigung der deutschen Zweistaatlichkeit innerhalb der 1945 festgelegten Grenzen Potsdam-Deutschlands, die einher ging mit der vollständigen politisch-militärischen, ökonomischen und gesellschaftspolitischen Integration beider deutscher Staaten in „ihre" jeweiligen Machtblöcke, war die unmittelbare Nachkriegsepoche endgültig abgeschlossen worden. Auch jeder Gedanke an die Wiederherstellung eines Deutschland „in den Grenzen von 1937" war damit obsolet geworden, wenngleich an dieser Illusion in der Bundesrepublik Deutschland noch über Jahrzehnte – in erster Linie rein rhetorisch, aber auch aus nachvollziehbaren völkerrechtlichen Erwägungen – beharrlich festgehalten wurde.

Ein offener Punkt blieb nämlich auch nach 1955 die Frage der endgültigen Grenzziehung zwischen Polen und Potsdam-Deutschland im Sinne einer völkerrechtlich verbindlichen Bestätigung der Oder-Neiße-Linie als neuer polnischer Westgrenze und damit der Abtrennung der ehemaligen preußisch-deutschen Ostgebiete östlich dieser Linie, die im Potsdamer Abkommen unbeschadet der 1945 geschaffenen irreversiblen Fakten einer friedensvertraglichen Regelung vorbehalten worden war[244]. Zwar hatte die DDR schon 1950 im Görlitzer Vertrag mit der Volksrepublik Polen die Oder-Neiße-Linie als endgültige deutsche Ostgrenze anerkannt[245], völkerrechtlich kam dieser Vereinbarung, der keiner der dazu allein legitimierten alliierten Mächte zugestimmt hatte, aber nur rein deklaratorische Bedeutung zu[246]. Auch im Warschauer Vertrag vom 7. Dezember 1970 zwischen der Volksrepublik Polen und der Bundesrepublik Deutschland wurde ebenfalls – in Analogie zum Moskauer Vertrag vom 12. August 1970 – ausdrücklich die Unverletzlichkeit der seit 1945 bestehenden Grenzen bestätigt. Seitens der

---

244 Vgl. Meissner (1995), S. 43–48; Vierheller (1970), S. 127–143.
245 Vgl. Art. 1 des Vertrages, wiedergegeben bei Benz (1990), S. 212–213 sowie Meissner (1977), S. 48, 52 u. 54.
246 Vgl. Blumenwitz (1990), S. 3044.

Bundesrepublik Deutschland wurde aber durch vertragsbegleitende Verbalnoten unmissverständlich auf die unveränderte Gültigkeit des Potsdamer Abkommens verwiesen, insbesondere auf die fortbestehende Verantwortung der Siegermächte für „Deutschland als Ganzes" und den Friedensvertragsvorbehalt bezüglich der endgültigen Grenzziehung zwischen diesem „ganzen" Deutschland – womit nur ein wieder vereintes Rumpf-Deutschland in den Grenzen von 1945 gemeint gewesen sein konnte[247] – und Polen. Diese Klarstellungen seitens der Bundesrepublik Deutschland wurden von allen vier Mächten auch bestätigt, womit sie die „deutsche Frage", so wie sie sich nach 1945 darstellte, ungeachtet der Spaltung Nachkriegsdeutschlands indirekt, wenn vermutlich auch vor allen Dingen prinzipiell, doch noch offen hielten[248]. Erst im Zuge der Überwindung der Spaltung Deutschlands und Europas ab dem Jahre 1989 endete völkerrechtlich die Verantwortung der Siegermächte für „Deutschland als Ganzes", und das vereinte Deutschland erlangte im Rahmen eines komplexen, vielfach aufeinander bezogenen Vertragswerkes mit der Zustimmung aller alliierten Siegermächte seine volle Souveränität zurück[249].

Die Zustimmung der Alliierten im Rahmen des 2+4-Vertrages erfolgte unter – in dem hier thematisierten Zusammenhang – zwei entscheidenden Bedingungen: Erstens wurde das vereinte Deutschland verpflichtet, nach dem Vollzug seiner Einheit einen Grenzvertrag mit Polen abzuschließen, der die Oder-Neiße-Linie als unverletzliche Grenze zwischen dem vereinten Deutschland und Polen dann auch völkerrechtlich wirksam werden lassen

---

247 Vgl. Hillgruber (1987), S. 115–117; Meissner (1977), S. 55; ders. (1995), S. 69–71.
248 Vgl. Art. 3 des Moskauer Vertrages und Art. 1 des Warschauer Vertrages, mit allen Begleittexten wiedergegeben bei Benz (1990), S. 214–221 u. 235–240.
249 Das Vertragswerk umfasst das Ländereinführungsgesetz der DDR-Volkskammer vom 22. Juli 1990, mit dem die seit 1952 bestehende Bezirkseinteilung der DDR aufgelöst und die künftigen fünf „neuen" Bundesländer – darunter auch das ehemalige preußische Kernland Brandenburg – wieder hergestellt wurden, sowie den „Vertrag über die abschließende Regelung in Bezug auf Deutschland" der beiden deutschen Staaten mit den alliierten Mächten vom 12. September 1990 (2+4-Vertrag), der deutsche Einigungsvertrag vom 31. August 1990 und der Grenzvertrag des vereinten Deutschland mit Polen aus dem Jahre 1991. Vgl. Scholz (2009), S. 549–553 sowie zu allen Vertragstexten Benz (1990), S. 284–298 u. 299–302.

sollte[250]. Außerdem mussten beide deutsche Staaten die uneingeschränkte Gültigkeit der alliierten Rechtssetzung seit 1945 – und damit auch die Unantastbarkeit des Kontrollratsgesetzes Nr. 46 – vorbehaltlos anerkennen und dies als Verpflichtung des sich vereinigenden Deutschlands im Einigungsvertrag verankern[251].

Erst mit dem deutschen Einigungsvertrag von 1990 und dem Grenzvertrag des vereinten Deutschland mit Polen 1991 wurde der Friedensvertragsvorbehalt des Potsdamer Abkommens gegenstandslos[252]. Auch für die Abhaltung der jahrzehntelang rhetorisch immer wieder beschworenen Friedenskonferenz bestand nun keine Notwendigkeit mehr und insbesondere seitens Polens auch keinerlei Interesse, weil bei dieser Gelegenheit von deutscher Seite doch noch einmal – und sei es nur „pro forma" – die Wiederherstellung eines „Deutschland in den Grenzen (und in der inneren staatlichen Verfasstheit) von 1937" hätte thematisiert werden können, d.h. eines Deutschland mit einem Teilstaat Preußen, der von Trier bis Königsberg reicht[253]. Mit der völkerrechtswirksamen Anerkennung der Oder-Neiße-Linie als Ostgrenze Polens und der Bestätigung der alliierten Rechtssetzung, zu der auch die vollständige Auflösung Preußens durch das Kontrollratsgesetz Nr. 46 gehört, wurden die Traditionswirkung Preußens und seine Nachgeschichte als Völkerrechtssubjekt somit endgültig zum Abschluss gebracht[254]. Zugleich wird damit aber auch deutlich, dass die zwei preußischen Teilungen mit ihrer Konsequenz erheblicher Gebietsabtrennungen jenseits der Oder-Neiße-Linie und den von den Alliierten initiierten Länderneugründungen nach 1945 die Schaffung eines geeinten deutschen Nationalstaats in neuen Grenzen und mit einer neuen inneren Verfasstheit überhaupt erst ermöglicht haben. Ein um die preußisch-deutschen Ostgebiete geschrumpftes

---

250 Vgl. Art. 1 des 2+4-Vertrages bei Benz (1990), S. 300 sowie Blumenwitz (1990), S. 3043–3045.
251 Vgl. die Präambel und Art. 7 des 2+4-Vertrages bei Benz (1990), S. 299 u. 301. Die hier gezogene Schlussfolgerung ergibt sich indirekt daraus, dass die Viermächterechte erst mit dem 3. Oktober 1990 außer Kraft gesetzt wurden und nicht etwa rückwirkend. Vgl. Blumenwitz (1990), S. 3047f.
252 Vgl. zur Frage des friedensvertraglichen Charakters des 2+4-Vertrages Blumenwitz (1990), S. 3042.
253 Vgl. Hillgruber (1987), S. 117.
254 Vgl. Schulze Wessel (2000), S. 384; ders. (2001), S. 787.

und in die europäische Gemeinschaft vollständig integriertes Deutschland in der Form eines unitarischen Bundesstaates wurde nun nicht mehr – abgesehen von einigen Warnungen vor allem seitens der traditionellen Weltordnungsmächte des „alten Europa" vor der Gefahr eines neuen „Vierten Reichs"[255] – als bedrohlich für eine europäische Friedens- und Gleichgewichtsordnung und das nationale „deutsche Problem" dadurch als gelöst angesehen. Und auch bezüglich der inneren staatlichen Verfasstheit der um die „neuen" Bundesländer erweiterten Bundesrepublik Deutschland hatte sich die spezifisch „preußisch-deutsche Frage" einer bundesverträglichen Einordnung eines dominanten preußischen Teilstaats in das Bundesganze erledigt.

Der Einigungsvertrag spricht deshalb auch – in Analogie zum 2+4-Vertrag – ganz bewusst nicht von der rhetorisch jahrzehntelang bemühten „Wiedervereinigung Deutschlands", sondern explizit von der „Vollendung der Deutschen Einheit"[256]. Diese im Kontext des 2+4-Vertrages zu sehende neue „Sprachregelung" der deutschen und der alliierten Politik verdeutlicht sehr klar, welche Intentionen dem Vereinigungsprozess zu Grunde lagen: Nicht die Wiedervereinigung (im Sinne von Wiederzusammenfügung) aller Teile des 1945 faktisch aufgelösten „Deutschland in den Grenzen von 1937" stand 1990 auf der politischen Agenda, sondern die Schaffung eines Deutschland in einer für Europa erträglichen Größenordnung und in einer föderalistischen Verfasstheit als „Vollendung" – im Sinne von Abschluss – eines Jahrhunderte langen Prozesses deutscher Nationalstaatsbildung in der Mitte Europas[257]. Dafür musste Deutschland mit der Auflösung Preußens einen hohen Preis zahlen, indem die polnische Frage in der Umkehrung der

---

255 Vgl. Howarth (1997), S. 52–57; Scholz (2009), S. 550f.; Siedler (1991), S. 15.
256 Vgl. die Präambel des Einigungsvertrages bei Benz (1990), S. 284 sowie Blumenwitz (1990), S. 3042.
257 Ganz neu war diese Sprachregelung von 1990 tatsächlich nicht. Schon das Grundgesetz von 1949 formulierte in seiner Präambel den Auftrag an das gesamte deutsche Volk, „seine Einheit (und Freiheit) zu vollenden" und stellte dieses Gebot in den Kontext eines vereinten Europas, womit die Schöpfer des Grundgesetzes schon frühzeitig den Weg für eine europäische Lösung der „deutschen Frage" wiesen. Erst durch die spätere Rechtsprechung des Bundesverfassungsgerichts – vor allem im Kontext der Ostverträge der sozialliberalen Regierung – wurde dieser Grundgesetzauftrag als „Wiedervereinigungsgebot" und Staatsziel interpretiert. Vgl. Gruner (1993), S. 272f.

Jahrhunderte langen negativen preußisch-deutschen Polenpolitik durch die Wiederherstellung Polens in neuen Grenzen und als verbündeter Staat der Sowjetunion auf Kosten Preußens und Deutschlands korrigiert wurde: Aus Deutschlands Osten war Polens Westen geworden, weil Preußen aufgehört hatte zu existieren[258].

Indem die Auflösung Preußens durch das Kontrollratsgesetz Nr. 46 der „Vollendung der Deutschen Einheit" auf entscheidende Weise den Weg geebnet hat und das deutsche Volk damit ein „Grundrecht, das ihm vor 1848 Jahrhunderte lang verweigert worden war"[259], endlich verwirklichen konnte, hat diese Entscheidung der Alliierten damit zugleich eine dialektische Wirkung erzeugt, die so zum Zeitpunkt der Inkraftsetzung des Gesetzes – davon muss wohl ausgegangen werden – weder beabsichtigt noch vorhersehbar war. Aus seiner „Vollendung" ist das vereinte Deutschland letztendlich nicht nachhaltig geschwächt hervorgegangen, so wie die ursprüngliche Planung der Alliierten dies immer wieder als Hauptziel formuliert hatte, sondern im Gegenteil – zumindest in ökonomischer Hinsicht – zu neuer Stärke aufgestiegen, jetzt allerdings eingebunden in eine europäische Friedens- und Gleichgewichtsordnung. Gleichwohl ist unverkennbar, das die sich erneut durchsetzende wirtschaftliche Dynamik des vereinten Deutschland bei seinen europäischen Nachbarn neue Besorgnisse auslöst, die sich in Forderungen niederschlagen, das ungeachtet seiner geografischen „Eingrenzung" (wieder) als übermächtig wahrgenommene Deutschland durch eine Machtverlagerung an die Europäische Union einzudämmen[260]. Wenn die „deutsche Frage" auf diese Weise erneut einen weit zu ihren historischen Ursprüngen und weit vor die preußisch-deutsche Reichsgründung zurück führenden Bedeutungswandel erfahren sollte,

---

258 Vgl. Schulze Wessel (1995), S. 383; Siedler (1991), S. 16 u. 31; Zernack (1989), S. 66f.
259 Zu dieser bemerkenswerten Feststellung gelangt Barraclough, ohne daraus allerdings die naheliegende Frage abzuleiten, ob hierin auch eine „externe" Ursache für den deutschen Irrweg des 19. und 20. Jahrhunderts liegen könnte, denn wer (verweigernd) mitbestimmt hat, trägt auch eine Mitverantwortung. Vgl. Barraclough (1948), S. 200–206.
260 So die Tendenz bei Simms (2014). Vgl. auch Howarth (1997), S. 55f.; Hüther (2014), S. 6.

dann müsste auch die außerdeutsche Zuweisung der Alleinverantwortung Preußens an der deutschen Katastrophe neu bewertet werden.

6.2 Das Kontrollratsgesetz Nr. 46: Das Ende Preußens oder Preußen ohne Ende?

Anlässlich der vom Ausland kritisch beobachteten Rückführung des Sarkophags Friedrichs II. nach Potsdam im Jahre 1991 – also nach der Vollendung der Deutschen Einheit und gleichwohl ohne Frage „aus gegebenem Anlass" – erinnerte der russische Historiker B.M. Tupolev in einem Aufsatz über die Hohenzollerndynastie noch einmal unmissverständlich an den endgültigen Charakter des Kontrollratsgesetzes Nr. 46, das „den letzten Punkt auf die historischen Perspektiven der Hohenzollern gesetzt hätte"[261]. Das im Jahr 2001 in Berlin und Brandenburg aus Anlass der 300-jährigen Wiederkehr der Krönung des Kurfürsten Friedrich III. zum ersten König Friedrich I. *in* Preußen mit großem Aufwand organisierte Preußenjahr löste außerhalb Deutschlands ebenfalls ein zwiespältiges Echo aus, insbesondere auf polnischer Seite. Eine heftige öffentliche Kontroverse provozierte im Februar 2002 der brandenburgische Arbeits- und Sozialminister Alwin Ziel, als er im Zuge der anberaumten Volksabstimmung über eine Fusion Brandenburgs mit Berlin den Vorschlag unterbreitete, das aus einer Fusion hervorgehende neue Bundesland „Preußen" zu nennen[262], womit er jedoch sehr schnell scheiterte, weil sein Vorschlag historisch nicht begründet worden war – und sich ohnehin bald dadurch erledigt hatte, dass die Fusion von der Bevölkerung seinerzeit mehrheitlich abgelehnt wurde.

Die dargestellten „Zwischenrufe"[263] werfen gleichwohl die Frage auf, ob das Ende Preußens – ungeachtet seiner Auflösung durch das Kontrollratsgesetz Nr. 46 – durch die Wiederbegründung des preußischen Kernlandes Brandenburgs im Zuge der Vollendung der Deutschen Einheit vielleicht doch noch nicht „definitiv" ist. Es gibt gewichtige Gründe, den im Jahre 2002 wohl „unzeitigen" Gedanken Ziels noch einmal aufzugreifen, allerdings in der Weise zu modifizieren, dass ein aus dem heutigen Bundesland Branden-

---

261 Zitiert bei Schulze Wessel (1995), S. 386 mit Verweis auf Fn. 12.
262 Vgl. Clark (2007), S. 12f.; Giese (2002); Tillmann (2002), S. 49; Wehler (2002), S. 41.
263 Vgl. hierzu auch Baumgart (1997), S. 333.

burg und dem Stadtstaat Berlin zu fusionierendes gemeinsames Bundesland den Namen „Brandenburg-Preußen" tragen sollte: Berlin war seit jeher Teil der Mark Brandenburg und seit 1448 die Haupt- und Residenzstadt des Kurfürstentums[264]. Folgerichtig sah der Einigungsvertrag deshalb auch die Möglichkeit einer Gebietsneuordnung für „den Raum Berlin/Brandenburg" durch Vereinbarung der beteiligten Länder vor[265]. Diese Gebietsneuordnung kann nur darin bestehen, den ausschließlich aus der Nachkriegssituation heraus entstandenen unhistorischen Zustand einer parallelen Existenz Brandenburgs und Berlins als Bruch einer Jahrhunderte alten Tradition – und überdies aus reinen Vernunftgründen einer sparsamen und effizienten öffentlichen Verwaltung – endlich zu überwinden. Dies böte sich auch deshalb an, weil das geeinte Berlin und sein Brandenburger Umland politisch, ökonomisch und soziokulturell inzwischen längst wieder durch vielfältige Wechsel- und Austauschbeziehungen auf das Engste miteinander verbunden sind und die West-Berliner Inselmentalität der Nachkriegsära sich 25 Jahre nach Überwindung der Teilung ebenso überlebt haben sollte wie die brandenburgische Aversion gegen die DDR-Hauptstadt-Bevorzugung im Ostteil der Stadt.

Als Name für ein aus Brandenburg und Berlin hervorgehendes neues Bundesland sind verschiedene Alternativen denkbar: Preußen, Berlin-Brandenburg, Brandenburg und Brandenburg-Preußen. „Preußen" scheidet als Name aus, denn dieser steht für den *Gesamtstaat* Preußen in seiner geographischen Ausdehnung bis zum Jahre 1945, der durch das Kontrollratsgesetz Nr. 46 unwiderruflich aufgelöst wurde. „Zehn Bundesländer traten sein Erbe an, und weite und wichtige Gebiete gehören heute zu Polen oder zu Rußland"[266]. Dieses aufgelöste Preußen existiert nicht mehr, und zwar auch nicht in einer auf seine geographischen Ursprünge reduzierten Form. Für „Berlin-Brandenburg" als Landesnamen gibt es keinerlei historisches Vorbild, weshalb wohl auch die „Märker" des heutigen Brandenburg dafür nicht zu gewinnen wären[267]. „Brandenburg" als Wiederherstellung bzw. Beibehaltung des aus der Vorgeschichte Preußens stammenden historischen Namens für das preußische

---

264 Vgl. Brandt/Zilkenat (1981), S. 34 (Zeittafel).
265 Vgl. Art. 5 des Einigungsvertrages bei Benz (1990), S. 285.
266 Krockow (1992), S. 7.
267 Auch wegen dieses Namensvorschlags scheiterte die Volksabstimmung des Jahres 2002 in Brandenburg.

Kernland wäre durchaus naheliegend und würde im Inland wie im Ausland wohl auf ungeteilte Zustimmung stoßen – mit Ausnahme vielleicht der an ihren jeweiligen Sonderstatus aus der Nachkriegszeit gewöhnten Berliner „Märker" im ehemaligen Osten und Westen der Stadt, die sich deshalb in diesem traditionellen Landesnamen (noch) nicht wieder finden würden. Von dieser Äußerlichkeit abgesehen weist dieser Name aus historischer Perspektive allerdings auch den Nachteil auf, dass er den prägenden Einfluss negiert, der von Brandenburg aus in preußischem Namen und unter preußischem Vorzeichen auf die deutsche und europäische Geschichte ausgegangen ist. Nur der Name „Brandenburg-Preußen" verbindet mithin die „geographische Herkunftsbezeichnung" Brandenburgs mit der politisch-geistigen und historischen Dimension der brandenburgisch-preußischen Geschichte. Mit diesem Namen würde sich deshalb eine Chance eröffnen, das Erbe Preußens auf eine angemessen zurückhaltende, aber historisch begründete Weise in *dem* Bundesland politisch lebendig zu erhalten, aus dem Preußen einst hervor gegangen ist, das seine Bedeutung erst durch Preußen erlangt hat und das im heutigen Deutschland der einzige historische Raum ist, der von Preußen geblieben ist[268]. Brandenburg und seine Haupt- und Residenzstadt Berlin stehen am Anfang und am Ende der politischen und sozialen Geschichte, die über mehrere Jahrhunderte mit dem Namen „Brandenburg-Preußen" verbunden war. Es ist deshalb auch kein Zufall, dass in der Literatur die historisch-geographische und politisch-soziale Entwicklung von den Anfängen der Kurmark Brandenburg bis zum Deutschen Kaiserreich als Geschichte „Brandenburg-Preußens" dargestellt wird[269].

Ein Bundesland „Brandenburg-Preußen" als föderativer Bestandteil der Bundesrepublik Deutschland hätte mit einem – historisch ohnehin längst nicht mehr haltbaren – „Preußen als Wurzel allen (deutschen) Übels"[270] nichts mehr gemein. Weder würde es eine revanchistische oder revisionistische Bedrohung für seinen polnischen Nachbarn darstellen noch wäre auch nur ansatzweise zu befürchten, dass es eine neue Hegemonialstellung

---

268 Vgl. Clark (2007), S. 21–24 u. 773–780; Siedler (1991), S. 21–31.
269 Vgl. hierzu beispielhaft die Kartenübersichten bei Baumgart (1997), S. 336f.; Clark (2007), S. 17–20; Haffner (1978), S. 350f.; Thadden (1981), S. 193–195 sowie die damit korrespondierende Zeittafel bei Schütz (1991), S. 33–60.
270 Vgl. Kroll (2000), S. 220; Schlenke (1991), S. 268.

über Deutschland (und womöglich Europa) erlangen könnte. Die Konstituierung eines Bundeslandes „Brandenburg-Preußen" würde auch keinen Verstoß gegen das Kontrollratsgesetz Nr. 46 bedeuten, weil das 1947 als „Sündenbock der Weltgeschichte"[271] verbotene Preußen in seinen Grenzen von 1937 dadurch nicht wieder hergestellt würde. Im Verhältnis zu Polen könnte ein sich seiner historischen Wurzeln und Bedeutung bewusstes Brandenburg-Preußen sogar mehr als bisher schon zum Motor einer umfassenden polnisch-deutschen Aussöhnung als ein wahrhaft friedensstiftendes europäisches Projekt werden und in dieser Rolle von Polen, dass seine nationale Wiedergeburt und Identität nicht zuletzt seinem unerschütterlichen Geschichtsbewusstsein verdankt, sogar mehr als andere anerkannt und akzeptiert werden[272].

Aus der deutschen Perspektive sprechen eine Vielzahl von Gründen dafür, die Konstituierung eines Bundeslandes Brandenburg-Preußen positiv aufzunehmen: Auch wenn die heutige Bundesrepublik Deutschland, deren Bürgerinnen und Bürger sich doch zumindest „verfassungspatriotisch" mit ihr als vollendete deutsche Nation identifizieren, sich nicht im Entferntesten als ein Nachfolgestaat des alten Preußen versteht, so wäre sie gleichwohl ohne Preußen ebenso wenig denkbar wie Preußen ohne Brandenburg[273]. Während jedoch alle anderen deutschen Länder und Stämme ihren Fortbestand trotz der *gemeinsam* zu verantwortenden *deutschen* Katastrophe auch im neuen, demokratischen Deutschland zumindest auf regionaler Ebene bewahren konnten[274], wurde mit der vollständigen Auflösung Preußens überhaupt erst der Weg für die politische Neugestaltung Deutschlands nach dem Zweiten Weltkrieg und seine Integration in das heutige europäische Staatensystem geebnet. Und dies, nachdem es *deutschen* Intellektuellen „in wenig mehr als einem Jahrzehnt gelungen war, ihr Volk im Zeichen einer von ihm seit über hundert Jahren verfolgten germanophilen und antiwestlichen Haltung in

---

271 Vgl. zu dieser Charakterisierung Runge (1977), S. 110.
272 Vgl. zu den in der deutschen Binnensicht auf Preußen weithin vernachlässigten europageschichtlichen Bezügen im Staatsbildungsprozess Brandenburg-Preußens Hinrichs (2001), S. 16–25.
273 Vgl. Knopp (1980), S. 21 u. 34.
274 Vgl. Gornig (1997), S. 330; Knopp (1980), S. 12.

den Abgrund zu stürzen"²⁷⁵. Auch das verfassungsrechtliche Erbe, welches das demokratische und republikanische Preußen der Weimarer Republik der Bundesrepublik Deutschland vermacht und dessen demokratische Tradition dadurch mitbegründet hat²⁷⁶, sollte den „vollendeten" Deutschen ein überzeugender Grund sein, Preußen nicht mehr nur als ein kulturhistorisches Phänomen zu begreifen, sondern angesichts seiner Bedeutung als einem nachhaltig gestalterischen Einflussfaktor der neueren und neuesten deutschen Geschichte²⁷⁷ in allen ihren widersprüchlichen Facetten auch politisch lebendig zu erhalten: In einem Bundesland „Brandenburg-Preußen" als dem geborenen Träger dieses historischen Namens, mit dem sich die Brandenburger und „ihre" Berliner als „die letzten Preußen" gemeinsam auch landsmannschaftlich identifizieren könnten. In diesem Geiste sollte ein Bundesland dieses Namens, in dem sich die regionale Identität der Mark Brandenburg mit der politischen und soziokulturellen Identität des historischen Preußen verbinden²⁷⁸ und dessen geschichtliches Erbe für alle Deutschen lebendig erhalten würde, von diesen im Sinne eines gelassenen Umgangs mit der eigenen Nationalgeschichte als ein wohlverstandener „Abschied von Preußen"²⁷⁹ angenommen werden – und von den Alliierten als die Vollendung der konstruktiven Intentionen ihres Kontrollratsgesetzes Nr. 46. Damit würde die Geschichte Preußens nicht nur ein juristisches, sondern für Sieger und Besiegte ein historisch versöhnliches Ende finden.

---

275 Kohn (1962), S. 346, der mit dieser Aussage – wohl ungewollt angesichts seiner eindeutigen Schuldzuweisung an Preußen – eindrucksvoll belegt, dass die nationalsozialistische Herrschaft in und über Deutschland in erster Linie ein *deutsches* und kein *preußisches* Phänomen war.
276 Vgl. Bracher (1981), S. 295–300 u. 304–309; Möller (2000), S. 214–220 u. 311.
277 Vgl. Baumgart (1997), S. 333.
278 Vgl. Clark (2007), S. 774–776.
279 So der Titel des Buchs von Siedler (1991).

Literaturverzeichnis

Quellentexte/Quelleneditionen/Quellenliteratur

Amtsblatt (1947) des Kontrollrats in Deutschland. Nr. 14 vom 31. März 1947, S. 262. Berlin.

Benz, Wolfgang (1990). Deutschland seit 1945. Entwicklungen in der Bundesrepublik und in der DDR. Chronik, Dokumente, Bilder. Unter Mitarbeit von Edelgard Bially. Sonderausgabe der Bundeszentrale f. pol. Bildung, Bonn. München: Moos & Partner.

Churchill, Winston S. (1953). Der Zweite Weltkrieg. Bd. 5: Der Ring schließt sich. Von Teheran bis Rom. Aus dem Englischen übertragen von Eduard Thorsch. Bern, München: Scherz & Goverts.

Deuerlein, Ernst (1957). Die Einheit Deutschlands. Ihre Erörterung und Behandlung auf den Kriegs- und Nachkriegskonferenzen 1941–1949. Darstellung und Dokumente. Frankfurt am Main, Berlin: Metzner.

Giese, Florian (2002). „Preußens Sendung und Gysis Mission": In: Zeit online 09/2002. http://www.zeit.de/archiv/2002/09/200209_preussen.xml/.

Hüther, Michael (2014). Die unentbehrliche Nation. In: F.A.Z. vom 24. März 2014, S. 6.

o.V. (1947). „Preußens Ende". In: „Die Welt" vom 8.3.1947.

Tillmann, Mayer (2002). „Ja zur Renaissance. Was Preußen aus sich machen kann." In: F.A.Z. vom 27. Februar 2002, S. 49.

Wehler, Hans-Ulrich (2002). „Preußen vergiftet uns. Ein Glück, daß es vorbei ist." In: F.A.Z. vom 23. Februar 2002, S. 41.

Sekundärliteratur

Abusch, Alexander (1947). Der Irrweg einer Nation. Ein Beitrag zum Verständnis deutscher Geschichte. Berlin: Aufbau-Verlag.

Backer, John D. (1981). Die Entscheidung zur Teilung Deutschlands. Die amerikanische Deutschlandpolitik 1943–1948. München: Beck.

Barraclough, Geoffrey (1948). Tatsachen der deutschen Geschichte. Klagenfurt: Kleinmayr.

Bartel, Horst/Mittenzwei, Ingrid/Schmidt, Walter (1979). Preußen und die deutsche Geschichte. In: Bachmann, Peter/Knoth, Inge (Bearb.)(1983). Preußen. Legende und Wirklichkeit. 2. Auflage 1984. Berlin: Dietz, S. 309–330.

Baumgart, Peter (1997). Preussen zwischen Idee, Realität und Legende 1947–1997. In: Ostdeutsche Gedenktage. Persönlichkeiten und historische Ereignisse. Bonn: Kulturstiftung der Vertriebenen, S. 331–339.

Benz, Wolfgang (1986). Potsdam 1945. Besatzungsherrschaft und Neuaufbau im 4-Zonen-Deutschland. München: dtv.

– (2009). Deutschland unter alliierter Besatzung 1945–1949. In: Gebhardt (2009). Handbuch der deutschen Geschichte. 10. Auflage. Bd. 22. Stuttgart: Klett-Cotta, S. 3–221.

Beyrau, Dietrich (1980). Der deutsche Komplex. Rußland zur Zeit der Reichsgründung. In: Kolb, Eberhard (1980). Europa und die Reichsgründung. Preussen-Deutschland in der Sicht der großen europäischen Mächte 1860–1880. München: Oldenbourg, S. 63–107.

Blank, Bettina (1995). Die westdeutschen Länder und die Entstehung der Bundesrepublik. Zur Auseinandersetzung um die Frankfurter Dokumente vom Juli 1948. München: Oldenbourg.

Blumenwitz, Dieter (1990). Der Vertrag vom 12.9.1990 über die abschließende Regelung in Bezug auf Deutschland. In: Neue Juristische Wochenschrift. 43. Jg. Heft 48 v. 28. November 1990, S. 3041–3048.

Born, Karl Erich (2000). Preußen im deutschen Kaiserreich. Führungsmacht des Reiches und Aufgehen im Reich. In: Neugebauer, Wolfgang (Hrsg.) (2000). Handbuch der preussischen Geschichte. Bd. III. Berlin, New York: de Gruyter, S. 15–148.

Bracher, Karl Dietrich (1981). Preußen und die deutsche Demokratie. In: Schlenke, Manfred (Hrsg.)(1981). Preussen. Beiträge zu einer politischen Kultur. Bd. 2. Reinbek b. Hamburg: Rowohlt, S. 295–310.

Brandt, Peter/Zilkenat, Reiner (1981). Preußen. Ein Lesebuch. Berlin: Verlag LitPol.

Brecht, Arnold (1949). Föderalismus, Regionalismus und die Teilung Preußens. Bonn: Ferd. Dümmler.

Büsch, Otto (1980). Aspekte des Preußenbildes und ihre Rezeption. In: Büsch, Otto (Hrsg.)(1980). Das Preussenbild in der Geschichte. Protokoll eines Symposiums. Berlin, New York: de Gruyter, S. 3–14.

– (1981). Die Militarisierung von Staat und Gesellschaft im alten Preußen. In: Schlenke, Manfred (Hrsg.)(1981). Preussen. Beiträge zu einer politischen Kultur. Bd. 2. Reinbek b. Hamburg: Rowohlt, S. 45–60.

Clark, Christopher M. (2007). Preussen. Aufstieg und Niedergang 1600–1947. München: Deutsche Verlags-Anstalt.

– (2013). Die Schlafwandler. Wie Europa in den Ersten Weltkrieg zog. München: Deutsche Verlags-Anstalt.

Clay, Lucius D. (1950). Decision in Germany. Garden City, N.Y.: Doubleday & Co. Inc.

Craig, Gordon A. (1985). Das Ende Preussens. Acht Porträts. Aus dem Englischen übersetzt von Karl Heinz Siber. München: Beck.

Erdmann, Karl Dietrich (1966). Adenauer und die Rheinlandpolitik nach dem Ersten Weltkrieg. Stuttgart: Klett.

– (1989). Die Spur Österreichs in der deutschen Geschichte. Drei Staaten-zwei Nationen-ein Volk? Zürich: Manesse.

Eschenburg, Theodor (1985). Deutschland in der Politik der Alliierten. In: Foschepoth, Josef (Hrsg.)(1985). Kalter Krieg und deutsche Frage. Deutschland im Widerstreit der Mächte 1945–1952. Göttingen: Vandenhoeck & Ruprecht, S. 35–49.

Fest, Joachim (1981). Einführung. In: Schlenke, Manfred (Hrsg.)(1981). Preussen. Beiträge zu einer politischen Kultur. Bd. 2. Reinbek b. Hamburg: Rowohlt, S. 3–6.

Fischer, Alexander (1987). Die Sowjetunion und die „deutsche Frage" 1945–1949. In: Hauser, Oswald (Hrsg.)(1987). Das geteilte Deutschland in seinen internationalen Verflechtungen. Göttingen, Zürich: Muster-Schmidt, S. 78–95.

Foschepoth, Josef (1985). Einleitung. In: Foschepoth, Josef (Hrsg.)(1985). Kalter Krieg und deutsche Frage. Deutschland im Widerstreit der Mächte 1945–1952. Göttingen: Vandenhoeck & Ruprecht, S. 11–33.

– (1985a). Großbritannien und die Deutschlandfrage auf den Außenministerkonferenzen 1946/47. In: Foschepoth, Josef/Steininger, Rolf (Hrsg.) (1985). Die britische Deutschland- und Besatzungspolitik 1945–1949. Paderborn: Schöningh, S. 65–85.

– (1988). Einleitung. In: Foschepoth, Josef (Hrsg.)(1988). Adenauer und die deutsche Frage. Göttingen: Vandenhoeck & Ruprecht, S. 7–28.

- (1988a). Westintegration statt Wiedervereinigung. Adenauers Deutschlandpolitik 1949–1955. In: Foschepoth, Josef (Hrsg.)(1988). Adenauer und die deutsche Frage. Göttingen: Vandenhoeck & Ruprecht, S. 29–60.
Görtemaker, Manfred (2000). Das Ende Preußens. In: Schoeps, Julius H. (Hrsg.)(2000). Preußen. Geschichte eines Mythos. Berlin: Bebra-Verlag, S. 198–205.
Gornig, Gilbert-Hanno (1997). Kontrollratsgesetz Nr. 46 betreffend die Auflösung Preußens vom 25. Februar 1947. In: Ostdeutsche Gedenktage. Persönlichkeiten und historische Ereignisse. Bonn: Kulturstiftung der Vertriebenen, S. 323–331.
- (2000). Territoriale Entwicklung und Untergang Preußens. Eine historisch-völkerrechtliche Untersuchung. Köln: Verlag Wissen u. Politik.
Gruner, Wolf D. (1993). Die deutsche Frage in Europa 1800–1990. München: Piper.
Haffner, Sebastian (1978). Preußen ohne Legende. Herrsching: Pawlak Verl. Ges.
Hildebrand, Klaus (1980). Großbritannien und die deutsche Reichsgründung. In: Kolb, Eberhard (1980). Europa und die Reichsgründung. Preussen-Deutschland in der Sicht der großen europäischen Mächte 1860–1880. München: Oldenbourg, S. 9–62.
Hillgruber, Andreas (1986). Zweierlei Untergang. Die Zerschlagung des Deutschen Reiches und das Ende des europäischen Judentums. Berlin: Siedler.
Ders.(1987). Deutsche Geschichte 1945–1986. Die „deutsche Frage" in der Weltpolitik. 6. Auflage. Stuttgart: Kohlhammer.
- (1987a). Alliierte Pläne für eine „Neutralisierung" Deutschlands 1945–1955. Opladen: Westdeutscher Verlag.
- (1989). Der Zweite Weltkrieg 1939–1945. Kriegsziele und Strategien der großen Mächte. 5. Auflage. Stuttgart, Berlin, Köln: Kohlhammer.
Hinrichs, Ernst (2001). Preußen und Europa. Neue Ansätze der vergleichenden Preußenforschung. In: Wolff, Jörg (Hrsg.)(2001). Stillstand, Erneuerung und Kontinuität. Einsprüche zur Preußenforschung. Frankfurt am Main u.a.: Lang-Verlag, S. 11–25.
Howarth, Marianne (1997). Die Deutsche Einheit aus britischer Perspektive. In: Timmermann, Heiner (Hrsg.)(1997). Potsdam 1945: Konzept, Taktik, Irrtum? Berlin: Duncker & Humblot, S. 45–57.

Hubatsch, Walther (1980). Zum Preussenbild in der Geschichte. In: Büsch, Otto (Hrsg.)(1980). Das Preussenbild in der Geschichte. Protokoll eines Symposiums. Berlin, New York: de Gruyter, S. 15–26.

Kettenacker, Lothar (1981). Preußen in der alliierten Kriegszielplanung. 1939–1947. In: Kettenacker, Lothar/Schlenke, Manfred/Seier, Hellmut (Hrsg.)(1981). Studien zur Geschichte Englands und der deutsch-britischen Beziehungen. Festschrift für Paul Kluke. München: Wilhelm Fink Verlag, S. 312–340.

– (1984). Preußen-Deutschland als britisches Feindbild im zweiten Weltkrieg. In: Wendt, Bernd-Jürgen (Hrsg.)(1984). Das britische Deutschlandbild im Wandel des 19. und 20. Jahrhunderts. Bochum: Studienverlag Dr. N. Brockmeyer, S. 145–168.

– (1985). Die anglo-amerikanischen Planungen für die Kontrolle Deutschlands. In: Foschepoth, Josef (Hrsg.)(1985). Kalter Krieg und deutsche Frage. Deutschland im Widerstreit der Mächte 1945–1952. Göttingen, Zürich: Vandenhoeck & Ruprecht, S. 66–87.

– (1985a). Großbritannien und die zukünftige Kontrolle Deutschlands. In: Foschepoth, Josef/Steininger, Rolf (Hrsg.)(1985). Die britische Deutschland- und Besatzungspolitik 1945–1949. Paderborn: Schöningh, S. 27–46.

– (1987). Die Teilung Deutschlands als Konsequenz der britischen Nachkriegsplanung. In: Hauser, Oswald (Hrsg.)(1987). Das geteilte Deutschland in seinen internationalen Verflechtungen. Göttingen, Zürich: Muster-Schmidt, S. 11–32.

– (1989). Krieg zur Friedenssicherung. Die Deutschlandplanung der britischen Regierung während des Zweiten Weltkriegs. Göttingen: Vandenhoeck & Ruprecht.

King, Ian 1997). Die Nicht-Umsetzung des Potsdamer Abkommens und die Teilung Deutschlands. In: Timmermann, Heiner (Hrsg.)(1997). Potsdam 1945: Konzept, Taktik, Irrtum? Berlin: Duncker & Humblot, S. 393–402.

Knopp, Werner (1980). Preußen. Versunkener Staat – lebendiges Erbe. Köln: Bachem.

Köhler, Henning (1986). Adenauer und die rheinische Republik. Der erste Anlauf 1918–1924. Opladen: Westdeutscher Verlag.

Kohn, Hans (1962). Wege und Irrwege. Vom Geist des deutschen Bürgertums. Düsseldorf: Droste.

Kolb, Eberhard (1980). Vorwort. In: Kolb, Eberhard (Hrsg.)(1980). Europa und die Reichsgründung. Preussen-Deutschland in der Sicht der großen europäischen Mächte 1860–1880. München: Oldenbourg, S. 5–8.

Kotokowski, Georg (1964). Preußen und die Weimarer Republik. In: Büsch, Otto/Neugebauer, Wolfgang (Hrsg.)(1981). Moderne preußische Geschichte 1848–1947. Eine Anthologie. Bd. 3. Berlin, New York: de Gruyter, S. 1572–1592.

Krieger, Wolfgang (1987). General Lucius D. Clay und die amerikanische Deutschlandpolitik 1945–1949. Stuttgart: Klett-Cotta.

Krockow, Christian Graf v. (1981). Warnung vor Preußen. Berlin: Severin und Siedler.

– (1990). Die Deutschen in ihrem Jahrhundert 1890–1990. Reinbek b. Hamburg: Rowohlt.

– (1992). Preussen. Eine Bilanz. Stuttgart: Deutsche Verlags-Anstalt.

Kroll, Frank-Lothar (2000). Sehnsüchte nach Preußen. In: Schoeps, Julius H. (Hrsg.)(2000). Preußen. Geschichte eines Mythos. Berlin: Bebra-Verlag, S. 220–225.

Küttler, Wolfgang (1983). Vom Deutschen Orden zum Königreich Preußen. Die Vorgeschichte des Staatsnamens „Preußen". In: Bachmann, Peter/Knoth, Inge (Bearb.)(1983). Preussen. Legende und Wirklichkeit. 2. Auflage 1984. Berlin: Dietz, S. 37–45.

Loth, Wilfried (1988). Adenauers Ort in der deutschen Geschichte. In: Foschepoth, Josef (Hrsg.)(1988). Adenauer und die deutsche Frage. Göttingen: Vandenhoeck & Ruprecht, S. 271–288.

Lukács, Georg (1973). Die Zerstörung der Vernunft. Bd. I. Irrationalismus zwischen den Revolutionen. Ausgabe letzter Hand. Darmstadt, Neuwied: Luchterhand.

Mai, Gunther (1995). Der alliierte Kontrollrat in Deutschland 1945–1948. Alliierte Einheit – deutsche Teilung? München: Oldenbourg.

Mann, Golo (1958). Deutsche Geschichte des 19. und 20. Jahrhunderts. Sonderausgabe 1992. Frankfurt am Main: Fischer.

– (1968). Das Ende Preußens. In: Büsch, Otto/Neugebauer, Wolfgang (Hrsg.)(1981). Moderne preußische Geschichte 1848–1947. Eine Anthologie. Bd. 1. Berlin, New York: de Gruyter, S. 243–261.

Mee, Charles L. (1995). Das Ende des Zweiten Weltkrieges. Die Potsdamer Konferenz 1945. München: Heyne.

Meinecke, Friedrich (1906). Preußen und Deutschland im 19. Jahrhundert. In: Kessel, Eberhard (Hrsg.)(1979). Friedrich Meinecke. Brandenburg-Preußen-Deutschland. Kleine Schriften zur Geschichte und Politik. Stuttgart: Koehler, S. 331–344.

– (1917). Die deutsche Freiheit. In: Kessel, Eberhard (Hrsg.)(1979). Friedrich Meinecke. Brandenburg-Preußen-Deutschland. Kleine Schriften zur Geschichte und Politik. Stuttgart: Koehler, S. 586–602.

– (1965). Die deutsche Katastrophe. Betrachtungen und Erinnerungen. Wiesbaden: F.A. Brockhaus.

Meissner, Boris (1977). Die Vereinbarungen der Europäischen Beratenden Kommission über Deutschland von 1944/45. In: Klein, Friedrich (Hrsg.) (1977). Das Potsdamer Abkommen und die Deutschlandfrage. Wien, u.a.: Braumüller, S. 43–57.

– (1995). Die Sowjetunion und Deutschland von Jalta bis zur Wiedervereinigung. Köln: Verlag Wissenschaft und Politik.

Mittenzwei, Ingrid (1980). Friedrich II. von Preußen. Eine Biographie. 2. Auflage. Köln: Pahl-Rugenstein.

Möller, Horst (1980). Das demokratische Preußen. In: Büsch, Otto (Hrsg.) (1980). Das Preussenbild in der Geschichte. Protokoll eines Symposiums. Berlin, New York: de Gruyter, S. 231–245.

– (2000). Preußen von 1918 bis 1947. Weimarer Republik, Preußen und der Nationalsozialismus. In: Neugebauer, Wolfgang (Hrsg.)(2000). Handbuch der preussischen Geschichte. Bd. III. Berlin, New York: de Gruyter, S. 149–316.

Moltmann, Günter (1958). Amerikas Deutschlandpolitik im Zweiten Weltkrieg. Kriegs- und Friedensziele 1941–1945. Heidelberg: Winter.

– (1980). Leitlinien der amerikanischen Deutschlandpolitik in der frühen Nachkriegszeit. In: Bodensieck, Heinrich (Hrsg.)(1980). Preußen, Deutschland und der Westen. Auseinandersetzungen und Beziehungen seit 1789. Zum 70. Geburtstag von Oswald Hauser. Göttingen, Zürich: Muster-Schmidt; S. 231–247.

Overesch, Manfred (1985). Einheit oder Teilung? Westdeutsche Entscheidungsträger vor der gesamtdeutschen Frage 1945–1947. In: Foschepoth, Josef (Hrsg.)(1985). Kalter Krieg und deutsche Frage. Deutschland im Widerstreit der Mächte 1945–1952. Göttingen, Zürich: Vandenhoeck & Ruprecht, S. 269–290.

Parker, R.A.C. (1987). British Attitudes to Germany 1944–1946. In: Hauser, Oswald (Hrsg.)(1987). Das geteilte Deutschland in seinen internationalen Verflechtungen. Göttingen, Zürich: Muster-Schmidt, S. 35–44.

Röpke, Wilhelm (1945). Die deutsche Frage. Erlenbach-Zürich: Eugen Rentsch Verlag.

Runge, Nicolaus (1977). Das verbotene Preussen. Perspektiven zur deutschen Vergangenheit und Zeitgeschichte. Würzburg: Holzner-Verlag.

Sharp, Tony (1975). The Wartime Alliance and the Zonal Division of Germany. Oxford: Clarendon Press.

Schlenke, Manfred (1980). Nationalsozialismus und Preußen/Preußentum. In: Büsch, Otto (Hrsg.)(1980). Das Preussenbild in der Geschichte. Protokoll eines Symposiums. Berlin, New York: de Gruyter, S. 247–264.

– (1981). Einleitung. In: Schlenke, Manfred (Hrsg.)(1981). Preussen. Beiträge zu einer politischen Kultur. Bd. 2. Reinbek b. Hamburg: Rowohlt, S. 7–13.

– (1991). Vom Ende und vom Fortleben Preußens. In: Schlenke, Manfred (Hrsg.)(1991). Preußische Geschichte. Eine Bilanz in Daten und Deutungen. 2. Auflage. Freiburg, Würzburg: Ploetz, S. 262–272.

Schoeps, Hans-Joachim (1981). Preussen. Geschichte eines Staates. Bilder und Zeugnisse. Frankfurt/M., Berlin: Ullstein.

Scholz, Michael F. (2009). Die DDR 1949–1990. In: Gebhardt. (2009). Handbuch der deutschen Geschichte. 10. Auflage. Bd. 22. Stuttgart: Klett-Cotta, S. 225–554.

Schütz, Rüdiger (1991). Übersicht über die territoriale Entwicklung Brandenburg-Preußens. In: Schlenke, Manfred (Hrsg.)(1991). Preußische Geschichte. Eine Bilanz in Daten und Deutungen. 2. Auflage. Freiburg, Würzburg: Ploetz, S. 33–40.

Schulze Wessel, Martin (1995). Russlands Blick auf Preussen. Die polnische Frage in der Diplomatie und der politischen Öffentlichkeit des Zarenreiches und des Sowjetstaates 1697–1947. Stuttgart: Klett-Cotta.

– (1995a). Hegemonie oder europäische Sicherheit. Zwei deutschlandpolitische Memoranden Evgenij Tarles. In: Berliner Jahrbuch für osteuropäische Geschichte: Jg. 1995. Heft 3. Berlin: Akademie-Verlag, S. 271–278.

– (2000). Die Epochen der russisch-preußischen Beziehungen. In: Neugebauer, Wolfgang (Hrsg.)(2000). Handbuch der preussischen Geschichte. Bd. III. Berlin, New York: de Gruyter, S. 713–787.

Schwarz, Hans-Peter (1980). Vom Reich zur Bundesrepublik Deutschland im Widerstreit der außenpolitischen Konzeptionen in den Jahren der Besatzungsherrschaft 1945–1949. 2. Auflage. Stuttgart: Klett-Cotta.

Siedler, Wolf Jobst (1991). Abschied von Preußen. Berlin: Siedler.

Simms, Brendan (2014). Kampf um Vorherrschaft. München: Deutsche Verlags-Anstalt.

Thadden, Rudolf von (1981). Fragen an Preussen. Zur Geschichte eines aufgehobenen Staates. München: Beck.

Thomas, Siegfried (1983). Das Ende Preußens. In: Bachmann, Peter/Knoth, Inge (Bearb.)(1983). Preussen. Legende und Wirklichkeit. 2. Auflage 1984. Berlin: Dietz, S. 295–308.

Tyrell, Albrecht (1987). Die amerikanische Deutschlandplanung. Konzeptionen und Kontroversen 1941–1945. In: Hauser, Oswald (Hrsg.)(1987). Das geteilte Deutschland in seinen internationalen Verflechtungen. Göttingen, Zürich: Muster-Schmidt, S. 45–77.

Unger, Johannes (2000). Republik, Nazi-Diktatur und Untergang 1918–1947. In: Ribbe, Wolfgang/Rosenbauer, Hans-Jürgen (Hrsg.)(2000). Preussen. Chronik eines deutschen Staates. Berlin: Nicolai.

Vetter, Klaus (1983). Die Entstehung des brandenburgisch-preußischen Territorialstaats von der Mitte des 12. bis zur Mitte des 17. Jahrhunderts. In: Bachmann, Peter/Knoth, Inge (Bearb.)(1983). Preussen. Legende und Wirklichkeit. 2. Auflage 1984. Berlin: Dietz, S. 11–22.

Vierheller, Viktoria (1970). Polen und die Deutschland-Frage 1939–1949. Köln: Verlag Wissenschaft u. Politik.

Wehler, Hans-Ulrich (1980). Zur Kritik der Preußenbild-Diskussion. In: Büsch, Otto (Hrsg.)(1980). Das Preussenbild in der Geschichte. Protokoll eines Symposiums. Berlin, New York: de Gruyter, S. 27–31.

– (2003). Deutsche Gesellschaftsgeschichte. Vierter Band. Vom Beginn des Ersten Weltkriegs bis zur Gründung der beiden deutschen Staaten 1914–1949. Studienausgabe 2008. München: Beck.

Weisenfeld, Ernst (1986). Welches Deutschland soll es sein? Frankreich und die deutsche Einheit seit 1945. München: Beck.

Willoweit, Dietmar (1978). Preußische Vergangenheit und deutsche Gegenwart. Überlegungen zum Ursprung und zur Aktualität der preußischen Autarkie. In: Büsch, Otto/Neugebauer, Wolfgang (Hrsg.)(1981). Moderne preußische Geschichte 1848–1947. Eine Anthologie. Bd. 3. Berlin, New York: de Gruyter, S. 1640–1661.

– (1980). Das Modell des preußischen Staates. Grundlagen-Auflösung-Nachwirkungen. In: Büsch, Otto (Hrsg.)(1980). Das Preussenbild in der Geschichte. Protokoll eines Symposiums. Berlin, New York: de Gruyter, S. 265–276.

Winkler, Heinrich August (2000). Der lange Weg nach Westen. Bd. 1. Deutsche Geschichte vom Ende des Alten Reiches bis zum Untergang der Weimarer Republik. München: Beck.

Zernack. Klaus (1981). Das Preußenproblem in der Geschichte Polens. In: Fischer, Wolfram/Müller, Michael G. (Hrsg.)(1991). Klaus Zernack. Preußen-Deutschland-Polen. Aufsätze zur Geschichte der deutsch-polnischen Beziehungen. Berlin: Duncker & Humblot, S. 51–63.

– (1981a). Preußen-Mythos und preußisch-deutsche Wirklichkeit. Bemerkungen zu Fontane. In: Fischer, Wolfram/Müller, Michael G. (Hrsg.)(1991). Klaus Zernack. Preußen-Deutschland-Polen. Aufsätze zur Geschichte der deutsch-polnischen Beziehungen. Berlin: Duncker & Humblot, S. 153–168.

– (1982). Preußen-Polen-Rußland. Betrachtungen am Ende des „Preußen-Jahres". In: Fischer, Wolfram/Müller, Michael G. (Hrsg.)(1991). Klaus Zernack. Preußen-Deutschland-Polen. Aufsätze zur Geschichte der deutsch-polnischen Beziehungen. Berlin: Duncker & Humblot, S. 135–151.

– (1983). Die Geschichte Preußens und das Problem der deutsch-polnischen Beziehungen. In: Fischer, Wolfram/Müller, Michael G. (Hrsg.)(1991). Klaus Zernack. Preußen-Deutschland-Polen. Aufsätze zur Geschichte der deutsch-polnischen Beziehungen. Berlin: Duncker & Humblot, S. 105–133.

– (1989). Preußens Ende und die ostdeutsche Geschichte. In: Fischer, Wolfram/Müller, Michael G. (Hrsg.)(1991). Klaus Zernack. Preußen-Deutschland-Polen. Aufsätze zur Geschichte der deutsch-polnischen Beziehungen. Berlin: Duncker & Humblot, S. 65–85.

Zink, Harold (1957). The United States in Germany 1944–1955. Reprinted 1974. Princeton (N.J.): D. Van Nostrand.

www.ingramcontent.com/pod-product-compliance
Lightning Source LLC
Chambersburg PA
CBHW020126240426
43673CB00038B/612